PENDEL-PRAXIS

Der Gebrauch des Pendels

von
A. Frank Glahn

Band I (von VI)

Die Pendellehre von A. Frank Glahn in 6 Bänden

Portrait und Signatur von A. Frank Glahn um 1933
aus "Die Begriffene Astrologie", Uranus-Verlag, Memmingen, 1933.

Weitere Bücher aus dem Bohmeier Verlag (www.magick-pur.de):

Der Gebrauch des Pendels (Band I), *von A. Frank Glahn,* ISBN 978-3-89094-671-9

Metall, Mineral und Pflanze (Band II) *von A. Frank Glahn,* ISBN 978-3-89094-672-6

Natürliche Kräfte in Strahlungen (Band III) *von A. Frank Glahn,* ISBN 978-3-89094-673-3

Seele und Geist – Charakter und Anlagen (Band IV) *von A. Frank Glahn,* ISBN 978-3-89094-674-0

Der Körper, Krankheit und Heilmittel (Band V) *von A. Frank Glahn,* ISBN 978-3-89094-675-7

Magie der Symbole – Der spirituelle Pendel – Radio des Geistes (Band VI) *von A. Frank Glahn,* ISBN 978-3-89094-676-4

Das deutsche Tarotbuch *von A. Frank Glahn,* ISBN 978-3-89094-452-4

Die Pendel-Diagnose - Ein Verfahren zur Feststellung der inneren Krankheiten des Menschen *von Dr. med. E. Clasen*, ISBN 978-3-89094-527-9

Liebes- und Krankheitsamulette - Talisman Turc, Ursprung und Wesen Magischer Quadrate *von Ferdinand Maack*, ISBN 978-3-89094-612-2

Die Magie des Raumes und der Zahl, Die heilige Mathesis *von Ferdinand Maack*, ISBN 978-3-89094-614-6

Goethe als Okkultist *von Prof. Max Seiling*, ISBN 978-3-89094-566-8

Friedrich, Heinrich, August Glahn (* 18.01.1865 in Linden, Hannover; † 06.02.1941 in Hollenstedt), zunächst Theosoph, später Freimaurer. Er war einer der bekanntesten deutschen Astrologen in der ersten Hälfte des 20. Jahrhunderts. Er publizierte als okkulter Schriftsteller zahlreiche Werke über Astrologie (entwickelte die nach ihm benannte *Glahn-Methode* der Horoskopdeutung), Kabbala, Runen, Pendeln und Tarot (zu diesem Buch verfasste er auch ein Kartendeck, *Das deutsche Tarot-Buch* auf kabbalistisch-astrologischer Grundlage). Am 15.02.1916 erschoss seine Frau vier der gemeinsamen Kinder und kam danach in eine Irrenanstalt. Dies führte letztlich auch Glahn in eine schwere persönliche Krise. Bekannt wurde er durch *Uranus* (Glahns astrologischer Volkskalender), und seine Arbeiten zur Radiästhesie, sowie durch seine 6-bändige *Pendel-Bücherei*. Sein Tarot-Buch wurde, wie einige andere seiner Bücher, in der NS-Zeit verboten und vernichtet. Andere Werke scheinen ab 1933 eine Hinwendung zur NS-Regierung zu zeigen (wobei seine persönliche Intention unklar bleibt.). Wir konnten trotz ausführlicher Recherche keinen Rechteinhaber ausmachen. Sollte es dennoch Rechteinhaber geben, bitten wir um Nachricht.

ISBN 978-3-89094-671-9

Inhaltsverzeichnis

Hinweis des Verlages

Wir weisen darauf hin, dass das Auspendeln von Krankheiten, Beschwerden und Heilungsmethoden nur von einem geübten Pendler ausgeführt werden sollte. Zudem sollten Sie unbedingt den ärztlichen Rat suchen (auch um Ihre Ergebnisse zu verifizieren)!
Der Bohmeier Verlag ist frei von jeden Ansprüchen bezüglich des Gebrauchs oder Missbrauchs der in diesem Buch gegebenen Hinweise.

Die Schreibweise der Erstausgabe wurde beim Neusatz beibehalten. Dies umfasst auch verschiedene Schreibweisen, die heutzutage nicht mehr üblich sind. Frank Glahn verwendet den Begriff „*der* Pendel" obwohl dies heute als falsch anzusehen ist. Üblicherweise sagen wir heute „*das* Pendel". Wir haben hier aber dem Original aus stilistischen Gründen den Vorzug gegeben zumal dies ausdrücklicher Wunsch von Frank Glahn war.
Korrekturen auf inhaltliche Fehler wurden vorgenommen, jedoch ohne den Charakter der Erstausgabe zu verfälschen oder den Text inhaltlich zu ändern.
Alle Anmerkungen und Erläuterungen und Ergänzungen des Verlages sind mit einem Kürzel versehen (rs.) oder (D. V.). Alle anderen Fußnoten waren schon im Original vorhanden und wurden natürlich übernommen (*kursiv*).

Wir wünschen Ihnen viel Erfolg bei Ihren Pendel-Arbeiten!

Der Gebrauch des Pendels

Motto: Es hat noch nie eine wirkliche Leistung gegeben, gegen die die menschliche Mittelmäßigkeit nicht zunächst Lachsalven losgelassen hätte, um sich dadurch schließlich selber ebenso ausgiebig lächerlich zu machen.

Prof. Dr. Hans Much

Vor 6 Jahren[1] gab ich mein erstes Pendelbuch unter dem Titel „Der Gebrauch des siderischen Pendels" heraus. Es war das erste Buch der Neuzeit, in dem eine Schulung geboten wurde und deshalb hat das kleine Buch einen großen Erfolg gehabt.

Es war nicht die erste Pendelschrift, denn diese Forschungsart hat eine große Vergangenheit. Der Anfang geht ins graue Altertum zurück und nie sind die Pendelkundigen ausgestorben. Aber es war Geheimwissen. So geht es durchs Mittelalter, findet bei Goethe Verständnis und Pflege, wie seine Schriften beweisen. Dann jahrzehntelanges Schweigen, bis der Dresdner Professor Karl Bähr[2] die Forschung wieder aufgreift, eine erstaunliche Forschungstätigkeit aus-

---

1 Die erste Auflage dieses Buches erschien 1934. (rs)

2 In 1861 seinem Buch „Der dynamische Kreis – Die natürliche Reihenfolge der Elemente und zusammengesetzten Körper als Resultat der Beobachtung ihrer dynamischen Wirksamkeit" stellte Karl Bähr ein umfassendes Klassifikationssystem für alle damals bekannten chemischen Elemente auf, das allein aufgrund radiästhetischer Forschung erstellt worden war. Nach seiner Ansicht könnte jedermann, selbst ohne besondere radiästhetische Begabung, die Eigenschaft von Materialien unmittelbar erkennen, ohne diese zu zerlegen oder aufzulösen, weil jeder nämlich fähig sei, bestimmte Kräfte in der Materie wahrzunehmen und – wie beispielsweise auch die Tiere – genau zu wissen, welche Nahrungsmittel für seine Gesundheit zuträglich oder schädlich seien. Diese Wahrnehmungsfähigkeit richte sich allerdings nicht auf die äußerlichen Eigenschaften, die materielle Substanz der Stoffe, sondern auf gewisse „innere Eigenschaften", einen „inneren Wert", der mit einer überall vorhandenen, verborgenen Kraft zusammenhänge. Diese Eigenschaften seien der Naturwissenschaft (seiner Zeit) unzugänglich und würden von der Chemie nicht erfasst, meinte Bähr, und wies darauf hin, dass viele Stoffe zwar das gleiche chemische Verhalten und die gleiche chemische Zusammensetzung hätten, aber trotzdem verschiedene Eigenschaften aufweisen würden. (Nach dem heutigen Stand der Wissenschaft könnten deshalb mit Bährs „inneren Eigenschaften" die quantenmechanischen Strahlungseigenschaften gemeint sein, die ebenfalls oft die Grundlage für die unterschiedlichen Eigenschaften chemisch identischer Stoffe bilden.)
Diese inneren Eigenschaften würden sich aber in äußeren Wirkungen, der sogenannten „dynamischen Tätigkeit" der Stoffe, darstellen, wie das etwa bei ihrer Wirkung auf ein Pendel der Fall sei. Er hatte zur genauen Feststellung dieser besonderen Eigenschaften

übt und dabei die vom Freiherrn Karl von Reichenbach vorher gemachten Beobachtungen ergänzt. Es wurde in einem umfangreichen Werk mit über 100 radierten Tafeln und mehreren Nachträgen unter dem Titel „Der dynamische Kreis 1861“ veröffentlicht. Das kostbare Werk wurde im Zeitalter des geistlosen Materialismus, der heute als wissenschaftliche Entgleisung missachtet wird, nicht beachtet. Heute wird es hoch bezahlt, wenn mal ein Exemplar auf den antiquarischen Markt kommt.

Dann war es wieder ruhig. Bis die Augsburger Postzeitung von einem Bauern berichtete, der seinen Trauring an ein Pferdehaar band und damit Quellen suchte. Das veranlasste Dr. Voll, 1910 in einem Buch über die Wünschelrute auch vom Pendel zu schreiben.

1913 gab Friedrich Kallenberg[3] ein Buch heraus „Offenbarungen des siderischen Pendels“, dem er ein zweites folgen ließ: „P-Strahlen, das Neuland des siderischen Pendels“. Kallenberg hat in der Tat Neuland entdeckt. Während bis dahin nur das Auspendeln von Mineralien und Quellen bekannt war, wenigstens geübt wurde – zu Wahrsagezwecken ist der Pendel[4] bereits im Altertum benutzt worden –, so fand er die psychischen Ausstrahlungen von lebendigen Wesen, speziell von Personen. Bekannt wurden nun die verschiedenen Bewegungen des Pendels, aber deren Deutung war sehr schwach und in die Irre gehend. Eigentlich waren nur der männliche Kreis und die weibliche Ellipse bekannt.

Die Bücher von Kallenberg haben eine ganze Literatur verursacht, aber dabei ist viel Irriges und Falsches.

Nachdem viele Pendler nach meinen Angaben ausgebildet waren, bot ich in meinem folgenden Buch „Radio der Natur, Trier 1925“ außer dem erweiterten Lehrgang meine Deutungsregeln. Diese habe ich allgemein bestätigt, sie bilden die Grundlage für die Pendelpraxis. Es gibt wohl keinen praktischen Pendler, der nicht von meiner Schulung und meinen Regeln profitiert hätte.

Nun beginne ich mit einer abermaligen Erweiterung, denn es haben sich viele neue Erfahrungen ergeben, die mitgeteilt werden sollen. Dann war ich bestrebt, durch Schutzvorrichtungen Fehlerquellen zu verringern. Die geschaffene Apparatur verfeinert die Untersuchung, so dass ich einen großen Schritt weiter gekommen bin.

---

aber eigens ein spezielles Instrument, den „dynamischen Messer“, entwickelt, das man zwar auch als eine Art Pendel betrachten kann, das aber eher eine einem Magnetkompass ähnliche Vorrichtung darstellte. Eine auf einem Stift ruhende, frei bewegliche Nadel schlug bei jedem Stoff auf eine für diesen charakteristische Weise aus.
Zitiert nach: www.geomantie.net/content/article/id__art_3b7a896fae899.html (rs)

3 Erläuterungen zu Friedrich Kallenberg siehe Kapitel „Kritischer Führer durch die Pendelliteratur“. (rs)

4 Der Autor verwendet durchgehend den Begriff „der Pendel“ im Gegensatz zu der heute meist üblichen Bezeichnung „das Pendel“. (rs) Wir haben dies so belassen, D. V.

Es ist zweckmäßig, nicht den ganzen Lehrstoff in ein dickes und unhandliches Buch zu bringen, sondern eine Folge von handlichen kleinen Schriften herauszugeben, in der jedes Mal ein besonderes Stoffgebiet ausführlich behandelt wird. Dabei erleichtern viele bildliche Darstellungen das Verständnis.
Im ersten Heft werde ich jene Schriften anführen, deren Studium heute noch lohnt. Ich werde davon Abstand nehmen, den Platz mit Auseinandersetzungen zu füllen, ich werde immer nur mit wenigen Worten die Irrtümer angeben. Jeder Pendler, der nach meiner Schulung arbeitet, ist ja in der Lage, die gegenteiligen Behauptungen nachzuprüfen.
Da die Bezeichnung „siderisch" irreführend ist, denn mit den Sternen hat der Pendel nichts zu schaffen, werde ich mich auf die Bezeichnung Pendel beschränken.
Und was das Geschlecht des Wortes Pendel betrifft, so werde ich nicht der neuzeitlichen Mode folgen, möglichst alles sächlich zu nehmen, ich werde es mit Goethe halten und *der* Pendel schreiben[5] und nicht *das* Pendel.
Vor drei Jahren erhielt ich vom Pfarrer *W. Wustrow* aus Brasilien, einem deutschen Pionier, Manuskripte zwecks Herausgabe, die er mir gewidmet hatte. Leider war es mir nicht möglich, dafür einen Verleger zu finden. Ich denke am besten in seinem Sinne zu handeln, wenn ich in diese Pendelbücherei alle jene Teile der Arbeiten Wustrows aufnehme, die ihm eigen sind, als selbsterworbene Erkenntnisse. Diese werde ich jeweils mit dessen Namen bezeichnen.
Noch einen anderen geistlichen Pendelfreund muss ich mit dem Ausdruck herzlichen Dankes nennen, Herrn Pastor K. Hild in Rheydt. Durchdrungen von der großen Bedeutung des Pendels war er derjenige, der die Pendelbücherei in vorliegender ausführlicher Form anregte. Eindringlich betonte er die Zweckmäßigkeit von erklärenden Zeichnungen und er hat es übernommen, die entstehenden Manuskripte jeweils zu überwachen. Hierbei soll das Verständnis des Laien als Maßstab gelten, damit dieser dadurch zu einem Fachmann ausgebildet wird.
Magisch ist alles Okkulte und okkult ist alles, was sich unserer Sinneswahrnehmung entzieht. Es gibt geschärfte und stumpfe Sinne, weshalb dem Geschärften Dinge nicht okkult sind, die dem Stumpfsinnigen unzugänglich, daher okkult bleiben.
Die Wissenschaft spricht aber auch von *übersinnlichen* Sinneswahrnehmungen, jeder Mensch erlebt diese bereits im Traum. Was wir im Traum sehen, hören, fühlen und schmecken, auch wohl riechen, erregt nicht unsere körperlichen Sinnesorgane! Nicht die Augen und Ohren, nicht Nase und Zunge sind in Tätigkeit getreten, und dennoch wurden deren Funktionen betätigt! Wir pflegen von *Hal-*

[5] Obwohl sich heutzutage eindeutig diese ‚neuzeitliche Modeerscheinung' durchgesetzt hat – werden wir in diesem Fall dem Autoren folgen und die Artikelbezeichnung so belassen, wie es der Autor vorsah. (D. V.)

luzinationen zu sprechen, meinen damit aber eigentlich eine *Irritierung* unserer Sinnesorgane, also falsche Reizempfindungen.
Wir nehmen ein übersinnliches Ich an, das während des irdischen Lebens im Körper wohnt, im *Astralkörper*, dem die astralen-übersinnlichen Sinne zugehören. In diesem wirkt unser Ich auch während des Schlafes, oder wenn die Sinne schlafen oder ermüdet sind.
Die Magie hängt vorzugsweise mit dem Astral und seinen Betätigungen zusammen, auch das „rätselhafte Unterbewusstsein“ ist nichts anderes als das tätige Oberbewusstsein des Astral-Ichs.
Dieses ist der Pendelforschung zugänglich. Was dabei erforscht wird, gibt den Unwissenden Gründe, darüber zu spotten.
Es gibt in der Wissenschaft Zeiten des Materialismus, die zugleich Perioden der Stumpfsinnigkeit sind. In diesen Perioden ist die Wissenschaft Mörderin der Scharfsinnigen. Da wir eben eine derartige Zeitspanne hinter uns haben, der wir lebend beiwohnten, so können wir auch Gemordete nennen: zum Beispiel Semmelweis[6] und Pettenkofer[7] als zwei Beispiele aus der Medizin. Die Physik hat

---

6 *Ignaz Philipp Semmelweis* (01.07.1818–13.08.1865), Doktor der Medizin und Geburtshelfer, erkannte, dass die Ärzte selbst durch Kontaktinfektion die Verursacher des Wundbettfiebers waren. Damals war es üblich, nach der Sektion einer Leiche in die Entbindungsstation zu wechseln. Die Ärzte wuschen sich nicht die Hände, bevor sie werdende oder junge Mütter untersuchten und infizierten sie so. Semmelweis setzte sich 1847 gegen den Widerstand der etablierten Mediziner dafür ein, dass sich die Ärzte vor Untersuchung einer Gebärenden die Hände in einer Desinfektionslösung wuschen, konnte sich aber damit zunächst nicht durchsetzen. In seiner eigenen Geburtsabteilung führte er die Desinfektion ein, woraufhin sich die Sterblichkeitsrate drastisch reduzierte. Trotz seiner großartigen Erfolge, erntete er von den Ärztekollegen nur Hohn und Spott, so dass er 1849 tief gekränkt in seine Heimatstadt zurückkehrte. Quelle: http://www.naturheilkundelexikon.de/ (rs)

7 Mit dem Namen *Max Josef von Pettenkofer* (03.12.1818–10.02.1901) verbinden wir heute Arbeitsgebiete, wie das der experimentellen Hygiene und der Sanierung einer verschmutzten Umwelt. ... Er erkannte, dass Epidemien wie die Cholera in engem Zusammenhang mit den örtlichen hygienischen Verhältnissen standen. ... Er widmete sich intensiv der Epidemiologie, also der Entstehung, Verbreitung und Bekämpfung sowie den sozialen Folgen zeittypischer Massenerkrankungen, wie der Cholera und Typhus, und, wie wir heute sagen, von Zivilisationsschäden. Dabei führte er die seither in der Epidemiologie unabdingbare Ortsbesichtigung und gründliche statistische Erfassung und Auswertung des Seuchengeschehens ein. Pettenkofers experimentelle Untersuchungen zur Bodenverunreinigung, Kanalisation, Wasserqualität, häuslichen Hygiene usw. von München und deren Bewohnern veranlassten die Behörden zu entsprechenden hygienischen bzw. sanitären Maßnahmen, die sich insgesamt erfolgreich auswirkten. ... Die Forschungen Pettenkofers führten sogar zu einem Streit zwischen ihm und dem Bakteriologen Robert Koch (1843–1910), in dessen Verlauf Pettenkofer am 7. Oktober 1892 – zur Zeit der großen Cholera-Epidemien in Hamburg und Paris – eine ganze Kultur von Cholerabakterien trank, ohne Schaden zu nehmen. Der 1883 von Koch entdeckte Cholera-Erreger war somit für Pettenkofer keineswegs der entscheidende Faktor einer Cholera-Erkrankung. Zitiert nach: http://m-ww.de/persoenlichkeiten/pettenkofer.html (rs)

sich am ehesten vom Materialismus entfernt, gefolgt von der Chemie. Diese haben die materialistische Wissenschaft[8] überwunden.
Die Pendelmagie hört auf, Magie zu sein, wenn der Zustand der Materie bekannt ist.
Die Materie wird aufgelöst, solange geteilt, bis der kleinste Teil vorliegt: das Molekül. Das Molekül ist eine Zusammenballung von Atomen, die sich verbunden haben. Das Atom hat sich als ein Bereich von positiven und negativen Strömen, von *Kräften*, erwiesen. Das Letzte sind Ionen und Elektronen, *Kraftfelder.*[9] Was uns als in Ruhe erstarrt erscheint, ist in Wahrheit in denkbar schneller Bewegung. Ist in Bewegung und setzt in Bewegung.
Die Zusammenballung von Ionen und Elektronen zum Atom setzt einen Bauwillen, eine schaffende Kraft, voraus, die nicht im Baustoff gesucht werden kann. Diesen Bauwillen, Formwillen, nennen *wir Seele.* Die Seele erkennen wir an ihrer Wirkung, sonst ist sie unseren Sinnen unzugänglich. Alles in der Natur ist beseelt, der Stein wie die Pflanze und der Mensch. Der ganze Aufbau der Natur wird von dem Bauleiter „Seele" vorgenommen.
Die Forschung erkennt weiterhin den *Geist*, der offenbar der Seele vorgesetzt ist und ihre Wirkungsweise vorschreibt. Dieser ist im Menschen am offensichtlichsten. Bei Geisteskranken arbeitet die Seele unbekümmert weiter, dennoch fehlt der Geist.
Das Zusammenwirken von Geist und Seele mit Materie ergibt als Produkt die Individualität, *die Persönlichkeit.* Was wir kurz „Geschöpf" nennen. Das kann ein Kristall sein, eine Pflanze, ein Tier, ein Mensch. Jedes hat seine Individualität.
Somit ist eine Wesenheit ein Gebilde aus Geist, Seele, Organzellen, Atomen, Ionen und Elektronen: Kraft und Bewegung.
Jede Kraft wirkt in die Ferne, sie vermag nicht in sich zu wirken, sie muss nach außen wirken. Sie „strahlt".
Einfach ausgedrückt besteht die Materie aus strahlender Kraft.

---

8 Im Original: „geistleugnende Wissenschaft". (rs)

9 Die Anzahl der Protonen im Atomkern ist immer auch die gleiche Anzahl an Elektronen in der Atomhülle. Protonen existieren auch im freien Zustand. Die Atomhülle ist aus Elektronen aufgebaut. Die Elektronen sind elektrisch negativ geladene Teilchen. ... Ein Atom ist nach außen hin elektrisch neutral. Der Atomkern und die Atomhülle haben die gleiche Anzahl elektrischer Ladungen (Protonen und Elektronen). ... Elektronen und Atomkern ziehen sich gegenseitig an. Die Ladungen heben sich gegenseitig auf. Das Atom ist somit elektrisch neutral. ... Atome mit mehr Elektronen als Protonen oder mehr Protonen als Elektronen werden Ionen genannt. Das Wort Ion stammt aus dem griechischen und bedeutet der Wandernde. ... Atome, die positiv oder negativ, also nicht elektrisch neutral, geladen sind, können sich gegenseitig anziehen oder abstoßen. Das heißt, sie können bewegt werden. Bei Atomen mit negativer Ladung spricht man von einem Elektronenüberschuss. Bei Atomen mit positiver Ladung spricht man von einem Elektronenmangel. Quelle: http://www.elektronik-kompendium.de/sites/grd/0110271.htm. (rs)

Darum teile ich nicht die Annahme von anderen Forschern, welche die Organe bewegt sehen. Nicht von Außen wird die Welt bewegt, sondern von Innen.
Die Physik ist derzeit ganz auf Erforschung der Strahlen eingestellt. Vom Od[10] über Röntgenstrahlen und Radium sind wir derzeit bei den Ultragammastrahlen angekommen.
Der Pendel ist ein Anzeiger für Strahlungen von Wesenheiten jeder Art. Für die Strahlen der Seele und des Geistes und zuletzt für die Ausstrahlungen der Persönlichkeit.
Der Pendel ist als Werkzeug kraftlos, er erhält seine Antriebskraft aus dem Nervensystem des Pendlers. Er erhält seine Richtung vom untersuchten Gegenstand, von der von diesem ausgehenden Bewegung.
Die Strahlen der verschiedenen Wesenheiten umgeben und durchdringen uns. Um Einzelstrahlungen und die Bewegungen von diesen zu erforschen, müssen sie abgeschlossen werden. Die Physik hat dafür Apparate erdacht. Der Pendel in der Hand des Pendlers ist auch ein derartiger Apparat. Der Wille des Pendlers ist wie eine abschließende Schutzwand. Daher muss der Pendler geschult werden, seinen Willen richtig zu gebrauchen. Alle vorkommenden Fehler haben ihre Ursache im Pendler und seinem umgeschulten Willen. Fehler im Apparat sprechen nicht gegen die natürliche Grundlage der Strahlenforschung.
Für die Strahlen der Seele, des Geistes und der Persönlichkeit ist der Pendel der einzig bekannte Apparat.
Aus diesen Darlegungen ergeben sich die Arbeitsgebiete des Pendlers: Erforschung der Körper und ihrer Eigenarten, ihres gegenwärtigen Zustandes wie ihrer Grundanlagen. Die Erforschung der Seele in allen Wirkungsfeldern, sowie die Erforschung des Geistes und der Persönlichkeit.
Aus diesen Grundlagen werden wir daher auch die Gesetze für die Benutzung des Pendels ziehen. Die erste Schulung besteht in der Einprägung dieser Grundlagen. Das Heranziehen der allerneuesten Fachliteratur der Physik und Chemie ist durchaus empfehlenswert, damit die Überzeugung von der Richtigkeit des Mitgeteilten erworben wird. Wir wollen die Pendelforschung auf den Boden des Tatsächlichen stellen und wollen alle beliebten Geheimnistuereien vermeiden. Klar und durchsichtig soll unsere Pendelarbeit sein.
Letzten Endes ist alles einfach. Das Einfache ist das Größte, Unendlichste, Unfassbare. Wie gewaltig groß muss der Schöpfer dieses Einfachen sein?
Wie groß ist Gott!!!

---

[10] Od = Freie Energie, auch als Chi, Orgon, Biophotonen, Prana, Nullpunktenergie, Tachyonenenergie, Vakuumenergie, Pyramidenenergie, kosmische Energie bezeichnet. (rs)

Strahlende Materie

Der Weg der Erkenntnis ist doch eigentlich lang und langsam bewegen sich auf ihm die Vertreter der Wissenschaft. Noch steht ein sehr großer Teil der Akademiker den Pendelstrahlen teilnahmslos und ablehnend gegenüber, leugnen sie schlankweg. Und bereits 1910 machte H. Lehmann seine Versuche, Leuchterscheinungen von verschiedenen Stoffen zu analysieren. Indem die störenden Leuchtstrahlen beseitigt werden, kommen die bis dahin unsichtbaren Strahlen zur Geltung. 1928 erschien bei der Akademischen Verlagsgesellschaft in Leipzig das Buch von P.W. Dankworth „Lumineszenz-Analyse". Darin werden die Leuchtfarben für die verschiedenen Stoffe angegeben. Die Analyse betrifft Medizin, Lebensmittelchemie und Kriminalistik, also die Bereiche unserer Penduntersuchungen. Wir arbeiten aber nicht nur mit den ultravioletten Lichtstrahlen, sondern mit allen! Unser Pendel ist ebenso geeignet, hier gute Dienste zu leisten. Allerdings können wir nicht alles zeigen wie die Lumineszenz-Analyse, also etwa nicht die Wörter einer Geheimschrift, aber wir können das Vorhandensein der Schrift nachweisen. Dafür vermögen wir Dinge zu erforschen, wofür kein anderer Apparat brauchbar ist. Nur das sollte festgestellt werden: Die Emanationen[11] an sich sind vorhanden, sie haben eine teils leuchtende Eigenschaft. Diese Ausstrahlungen haben Sensitive bereits gesehen, sie sind uns bekannt. Die meisten Menschen können die eigenen Ausstrahlungen sehen, wenn sie es erst gelernt haben.

Unsere Gegner

Bei einer so natürlichen Sache auch noch Gegner?
Selbstverständlich! Weil der Pendel aller Menschen Freund ist, fühlen sich alle diejenigen gekränkt, die nicht pendeln können und, weil sie sich als normal und mustergültig betrachten, anderen nichts zugestehen wollen, was ihnen fehlt. Da hilft man sich und sagt spöttisch: Einbildung!
Andere fühlen sich beruflich geschädigt. Hilft der Pendel einem pendelfähigen Arzt zur Verbesserung seiner Heilerfolge und damit zum Zuwachs seiner Praxis, wird der Kollege, der nicht pendeln kann, dagegen eifern. So muss sich jeder Fortschritt durchkämpfen, die Eisenbahn gegenüber den Fuhrleuten, das Gas gegenüber der Öllampe, die Elektrizität gegenüber der Gaslampe, das Auto gegenüber der Eisenbahn.
Was wird dem Pendler vorgehalten?
Die Pendelbahnen wären durch den Willen des Pendlers geleitet!

---

[11] Emanation: das Ausströmen oder die Ausstrahlung einer bestimmten Energiequalität. Zitiert nach: http://www.koerperharmonie.de/glossar.htm. (rs)

Weil die Möglichkeit zur Beeinflussung besteht, wird jedes Ergebnis als beeinflusst angesehen!
Weil nicht jeder Pendler dieselbe Kraft, dieselbe Eigenart hat, wird diese natürlich vorhandene Unterscheidung einfach angenommen als Beweis gegen die Richtigkeit des Pendelergebnisses. Obwohl jeder kluge Professor mindestens in seinem Innern überzeugt ist, dass er viel gelehrter und tüchtiger ist als seine Kollegen. Er will eben immer eine Ausnahme, ein nicht erreichbares Meisterstück aus der Werkstatt der Schöpfernatur sein.
Weil auch falsche Ergebnisse bekannt wurden, werden alle Ergebnisse angezweifelt. Bei einer solchen Beurteilung müssten so ziemlich alle Wissenschaften abgeschafft werden. Jedoch die mangelhaft ausgebildete Denkkraft der Gegner kann sich nicht zu diesem Schluss erheben. Sie gefällt sich selbst zu sehr.
Geradezu ein Musterstück eines wissenschaftlichen Gegners ist der Kieler Universitätsprofessor *Dr. J. Wittmann*, der in einer Zeitung am 12. Dezember 1926 sich für alle Zukunft verewigt hat.
Er berichtet über ein Erlebnis mit einem Herrn, einem verdienstvollen Mann, der sich während des Krieges als höherer Offizier beim Stab eines Armeekorps ausgezeichnet hat und nun Generaldirektor eines bedeutenden Industriewerkes ist. Dieser Herr will mit ihm über eine seltsame Sache sprechen, den Pendel.
„Er holte eine große Mappe herbei und breitete deren Inhalt vor meinen Augen aus, ohne dabei aber irgendein Wort zu sagen. Ich sah viele Fotografien von bekannten Zeitgenossen, meist Musikern, auch manches Bild von einer schönen Frau. Auch von ganz nackten Menschen waren Bilder darunter. Daneben lagen viele Blätter mit zahllosen, seltsamen geometrischen Zeichnungen. Alle waren sie in der dem Ingenieur eigenen bewundernswerten Exaktheit gezeichnet. Die Figuren erinnerten mich an grafische Darstellungen von Windrichtungen und Windstärken. Auch fiel mir auf, dass bei all den Strichen viele kleine Zahlen standen. Den Sinn der Striche, Kurven und Zahlen konnte ich nicht erfassen.
Die Bilder und Diagramme schienen zwar zusammenzugehören. Da mein Gastgeber mir aber einstweilen keinen Aufschluss gab, er sich vielmehr über meine staunende Hilflosigkeit zu freuen schien, so suchte ich in meinen Vermutungen hin und her nach einer Lösung des Rätsels. Dabei kam mir der Gedanke, dass es sich ganz sicher um die alte Geschichte vom Pendeln handeln müsse. Richtig! Also okkultistische Versuche mit dem siderischen Pendel. Als ich das erfuhr, erschrak ich beinahe vor dem Mann, der mir bisher immer so liebenswürdig, heiter und wissenschaftlich aufgeklärt erschienen war. In welche trübe Welt sollte ich wohl heute noch einen Blick tun? Welch ungeheure, aber nach meiner Meinung auch erschreckend stumpfsinnige Arbeit musste da in vielen, vielen Stunden auf die Gewinnung der Diagramme verwendet worden sein?“
Sein Gast fragt den Professor, ob er den Pendel und seine Theorie kenne? *Ja, er habe wohl davon gehört, so eingehend habe er sich nicht damit beschäftigt.*

Köstlich! Aber eine überlegene Beurteilung ist dem ungenügend unterrichteten Professor Sache der Selbstverständlichkeit!
Der Gast beginnt mit dem Auspendeln einer Fotografie, anders sind die Ausschläge über der Nase als wie über dem Auge usw. So werden dem Professor eine Anzahl Bilder vorgeführt. Ihm ist bekannt, dass die Bilder von Mädchen anders pendeln sollen als die von Frauen.
Das ist in der Tat der Fall, die Technik dieses Pendelns wurde aber erstmalig von mir veröffentlicht, davon konnte Dr. Wittmann aber noch keine Kenntnis haben, denn meine Veröffentlichung erfolgte später. Ich will schon hier den Begriff Unschuld genauer umreißen: nicht die Berührung der beiderseitigen Zeugungsorgane ist maßgebend, sondern die Imprägnierung der Frau mit dem männlichen Sperma. Wenn dieses in die weiblichen Genitalien erstmalig eingedrungen ist, hat das Mädchen „die reine Unschuld" verloren. Empfängnis muss dabei *nicht* eingetreten sein.
Sogar das hatte der Professor gehört: dass man den eingetretenen Tod einer Person feststellen könne. Ob auch Selbstmord oder natürlichen Tod, wird leider nicht ausreichend deutlich ausgedrückt, es scheint aber die Meinung von Prof. Wittmann gewesen zu sein. Ich kann Selbstmord von ungewolltem Tod *nicht* unterscheiden! Wir müssten hier natürlich weiter fragen, ob dabei die Willenshandlung auszupendeln ist. Ob demnach zwischen einem Kranken, der aus Versehen sich mit Morphium vergiftet oder einem, dem vom Arzt eine zu große Menge Gift eingegeben wird, und einem Mann, der sich absichtlich mit den Heilmitteln der Allopathie[12] vergiftet, ein Unterschied durch den Pendel ausgewiesen werden könne. Das wäre in der Tat sehr okkultistisch, nur war mir diese Sache bisher zu okkult, weil ich nur natürliche Dinge auspendele und von allen Phantasiependelungen nicht sonderlich viel wissen will. Weshalb Geisterpendeln und Totenbeschwörung durch den Pendel bei mir keine Pflege, wohl aber Ablehnung finden.
„Wir vertiefen uns in die Bilder und die zugehörigen Diagramme und nehmen ein vergleichendes Studium der Diagramme gleicher Körperstellen auf. So fanden wir, dass über allen Nasenrücken das Pendel am eindeutigsten in einer geraden Linie ohne Seitenabweichung ausgeschlagen hatte. Über den von vorn gesehenen Augen herrschte die Kreisbewegung vor. Über dem Mund pflegte das Pendel in länglicher elliptischer Bahn auszuschlagen. An der Nasenspitze aber war oft nicht zu erkennen, dass das Pendel durch Drehung seine Schwingungsebene langsam aus der Richtung des Nasenrückens in die Richtung des unteren Randes des Nasenflügels verlegte, wobei sich die Länge der Ausschläge stetig verkürzte. Ähnliches war über Haarlocken der Fall.

[12] Allopathie *gr. allos anderer, pathos Leiden,* die gewöhnliche Heilkunst, die mit Mitteln arbeitet, die die entgegengesetzte Wirkung wie die Krankheit hervorrufen, also anders als die Homöopathie. Zitiert nach: http://www.textlog.de/11151.html. (rs)

Als der Generaldirektor solche Ähnlichkeiten und Übereinstimmungen erkannte, erstaunte er sehr. Sie bestätigten ihm aber anscheinend nur seine früheren Ahnungen. In die größte Aufregung aber geriet er, als ich ihm gegenüber die Vermutung aussprach, dass die Wege des Pendels nur von der rein optischen Natur der betreffenden Körperstellen abhängig zu sein schienen. War es nicht offensichtlich, dass sich das Pendel über hellen oder dunklen kreisrunden Bildpartien im Kreis bewegte, dagegen über ovalen Gegenden, z. B. den Ohren, ein Oval beschrieb? Und schlug es nicht über hell erleuchteten oder sehr dunklen geradlinigen Partien, wie z. B. über dem Nasenrücken, in Richtung dieser Partien aus? Mein Pendler konnte sich der Übereinstimmung zwischen *Form* der Bildpartien und Form der Pendelbewegungen nicht verschließen. Aus seinen peinlich aufgezeichneten Diagrammen folgte sie augenfällig[13].
Wie aber war das zu verstehen? Sollte nur die optische Beschaffenheit der ausgewählten Bildpartien und keine verborgenen geistigen Bezüge, keine Emanationen okkulter Kräfte für die Pendelbewegung maßgebend gewesen sein? In dem Mann wurde das wissenschaftliche kritische Gewissen wach, und ein unheimlicher Zweifel stieg in seiner Seele auf, ob er nicht einer ungeheuren Täuschung erlegen sei?
Damit hatte ich den Mann durch sein eigenes Nachdenken so weit geführt, dass ich ihn nun auch die letzte Wahrheit über den wissenschaftlichen Gehalt seiner langwierigen und mit äußerster Hingabe ausgeführten Untersuchungen finden lassen konnte. Ich legte meine Uhr auf den Tisch und bat ihn, das Pendel so wie sonst mit ganz ruhiger Hand über der Uhr zu halten und die Uhr dabei anzusehen. Er tat das, und überrascht beobachtete er, wie das Pendel alsbald in eine Kreisbewegung überging. Darauf vertauschte ich die Uhr mit einem Bleistift und – siehe da: das Pendel verließ die Kreisbahn und schlug nur noch in Richtung des Bleistiftes aus. Nun drehte ich den Bleistift, und sogleich passte sich die Schwingungsebene des Pendels der neuen Richtung des Bleistifts an. Als ich dann noch eine längliche Zündholzschachtel unterlegte, beschrieb das Pendel darüber ein Oval. Es war dem Mann allmählich klar, dass die Bahn des Pendels tatsächlich mit der Form des Gegenstandes zusammenhängt, ja vielleicht von ihr abhängt."
Ich habe den Wortlaut von Professor Wittmann wiederholt.
Jetzt erkläre ich dazu: Der Herr ist einer vorgefassten Meinung zum Opfer gefallen. Er hatte sich die Annahme zurechtgelegt, der Pendel würde jeweils den Umrissformen der untersuchten Gegenstände folgen. Ihm selbst unbewusst beeinflusste er den Pendel, er übertrat eines der wichtigsten Pendelgesetze: ohne vorgefasste Meinung die Pendellinien abzuwarten und zu beobachten.
Die Pendelfiguren sind tatsächlich von der Form der untersuchten Gegenstände unabhängig. So ist die Form von Mann und Frau nicht sonderlich abweichend,

---

13 Im Original: „evident". (rs)

dennoch pendelt der Mann einen Kreis, die Frau eine Ellipse. Das Herz hat etwa die Form eines Dreiecks mit der Spitze nach unten, es pendelt ein Dreieck *mit* der Spitze nach oben. Die Lichtbilder, die dem Professor vorlagen, waren sicher meistens viereckig, nach seiner Meinung hätten alle ein □ auspendeln müssen, er pendelte hingegen Ohren, Nasen, Mund und Augen usw. aus, *die doch gar nicht plastisch vorliegen!!! Unbekannt mit den Methoden objektiver Forschung macht er sich bildliche Vorstellungen und pendelt diese aus, anstelle der Dinge auf den Lichtbildern!*

Jede Erwartung eines Ausschlages bestimmter Art ist unrichtig und jeder Lernende wird diese Untersuchungen mit Bewusstsein richtig vornehmen, wie ich es lehre, und falsch, wie Prof. Dr. Wittmann es angibt, er wird dann die Sinnlosigkeit der Behauptungen des Professors erkennen.

Betreffend den Unterschied von Hell und Dunkel, so gebe ich die Versuche an, unbedrucktes weißes, schwarzes oder farbiges Papier mit Gedankenstrahlen zu versehen. Man denkt fest und bestimmt an eine Person, die Augen auf das Papier gerichtet. Dann wird das Papier ausgependelt und man wird genau die Pendellinien erhalten, die den gesandten Vorstellungen von dieser Person entsprechen. Dabei ist die Farbe ganz nebensächlich. Ich habe diese Prüfungen in öffentlichen Vorträgen gemacht. Zuhörer brachten mir das nach meiner Anweisung mit Gedanken geladene Papier, ich pendelte und erklärte Art und Charakter der ausgependelten Personen. Die Zuhörer haben die Richtigkeit bestätigt.

Genauso verhält es sich mit den Umrisslinien der Gegenstände. Ich brauche dem Pendel nur die Weisung zu geben, diesen zu folgen, so wird er das tun, er wird auch gemäß der Vorstellung rechts und links, entsprechend der Körperhälfte, pendeln; nur wird er nie die Person als solche auspendeln! Die ganze Arbeit ist zwecklos.

Der Schluss des Aufsatzes lautet: Diese Erkenntnis drängte sich dem Generaldirektor immer bestimmter, immer unheimlicher auf. Wir waren gerade in der Lage, die charakteristische Formbeschaffenheit der entsprechenden Körpergegenden aus den Diagrammen abzulesen und aus ihnen gleichsam die Originalbilder zu rekonstruieren! Wohl widersetzte sich der Mann diesen Erkenntnissen immer wieder. An alle die zweifelhaften Fälle, in denen die Diagramme weniger deutlich die optischen Bildformen wiedergaben, klammerte er sich noch mit einer gewissen Angst. Aber zum Schluss sah er ein, dass er zur Erklärung der Pendelbewegungen keinerlei okkulte Kräfte, Od-Strahlen, Emanationen oder dergleichen nötig hatte, dass alles sich auf die einfachste und natürlichste Weise begreifen ließ.

Der Mann sah eine Welt, in die er sich seit Monaten mit ernsthaftestem Bemühen immer intensiver eingelebt hatte, langsam in Trümmer fallen. Es konnte nicht ausbleiben, dass er darüber in die stärkste Erregung geriet. Mit zitternder

Hand legte er sein Pendel zur Seite. Also war alles nur eine einzige große Selbsttäuschung?
Was hatten wir uns nun noch mehr zu sagen? Es ist immer schmerzlich, einem Menschen eine Illusion zu zerstören, an die er seine liebsten Gedanken und Hoffnungen gehängt hat. Bald verließ ich den Generaldirektor.
Einige Tage später begegnete mir einer seiner Freunde. Erregt kam er mit der Frage auf mich zu: „Sagen Sie bloß, was haben Sie mit dem Generaldirektor gemacht? Der ist von Ihrer Aussprache schwer erschüttert. Wir machen uns die größte Sorge um ihn.“ Ich erzählte ihm den Vorgang und erklärte ihm, wir müssten von der Zukunft hoffen, dass sie den Mann zur Ruhe und wieder zu positiver Arbeit kommen lasse.
Wir haben demnach hier einen Gegner, der mustergültig falsch urteilt. Bis jetzt ist mir noch keiner bekannt geworden, der klüger gewesen wäre. Der Lernende muss diese Einwendungen kennen, damit er sich selbst durch ernste Prüfungen davon überzeugt, wie irrig diese Ansichten sind.
Ich will diesen Leuten den guten Glauben nicht absprechen, sie haben keine gute Pendelschulung kennen gelernt und wissen gar nicht, welche Fehler sie machen. Für Lernende ist dieser Aufsatz wie geschaffen, um gleich die Wahrheit suchen und finden zu können.
Nun frage ich zum Schluss: Herr Professor Wittmann, erklären Sie nun erstens, warum der Pendel sich überhaupt bewegt. Zweitens, warum er in verschiedene Schwingungen kommt und warum er drittens nach Ihrer Ansicht den Umrisslinien von Körperorganen auf Lichtbildern oder denen Ihres Bleistifts folgt? Oder haben Sie die wichtigsten Grundfragen überhaupt nicht bedacht?

Im Schraubstock

In der „Deutschen Illustrierten Zeitung“ hat mal eine Pendelserie gestanden, an deren Schluss *Dr. med. Ernst Rothe* voll Triumph mit folgendem Versuch die „Spielerei“ mit dem Pendeln beweisen wollte. Man klemme die Finger, welche den Pendel halten, in die Backen eines Schraubstocks derart fest, dass keine Beweglichkeit mehr besteht. Dann setzt sich der Pendel nicht mehr in Bewegung! Folglich: Unbewusste Bewegungen zwingen den Pendel! Das Experiment hat den angegebenen Verlauf, ist aber noch einfacher auszuführen, wenn die pendelführende Hand auf eine beliebige Metallunterlage gedrückt wird. Findet eine Berührung der Hand mit Eisen statt, ist der Pendel ohne weiteres gebremst, die Nervenkräfte gelangen nicht zum Pendel! Aber auch eine starke Zusammenpressung der Hautoberfläche hat denselben Effekt! Lege ich auf meinen Schraubstock hingegen Isolierplatten, dann wird der Pendel in Tätigkeit versetzt. Es ist ganz gleich, ob dabei die pendelhaltenden Finger – bei mir ist es nur der Mittelfinger – fest gepresst sind oder nicht.

Die Schlussfolgerungen von Dr. Rothe sind falsch, überdies unverständig, denn die Pendelpraxis bedingt einen frei gehaltenen Pendel! Mit der in Handlungen umgesetzten „Einsicht“ von Dr. Rothe kann die ganze Physik umgestürzt werden! Wenn einem Pferd alle Beine gebunden[14] werden, kann es auch nicht laufen! Solcher Art sind unsere „wissenschaftlichen“ Gegner!
Schließlich!
Man fördert offenbar die Wissenschaft, wenn man deren „Feststellungen“ und „exakte Beobachtungen und mathematischen Berechnungen“ mit dem gleichen Misstrauen anficht, mit dem die Wissenschaftler alles anfechten, was von ihnen *noch nicht* erfasst worden ist. Nur diesem Misstrauen oder auch Vertrauen auf eigene Erkenntnisse ist es zu verdanken, dass z. B. die Hypnose, der Magnetismus[15], die vielerlei Strahlen inzwischen „wissenschaftlich“ geworden sind. Gleichfalls: Telepathie, Suggestion, das Zweite Gesicht[16], Galvanismus[17]! Hätten die Praktiker dieser Erscheinungen aus Respekt vor den überheblichen Behauptungen der Schulgelehrten ihre Bemühungen eingestellt, wäre die Wissenschaft viel ärmer an wahrem Wissen!
Das Gegenstück: Die weltberühmte Relativitätstheorie von Prof. Einstein hat sich als klassischer Irrtum erwiesen![18] Und wie wurde er gefeiert!!!
Der Umbruch in der Gegenwart zeigt seltsame Blüten des Unverstandes! Es wird von Bestrebungen akademischer Ärzte berichtet, die durch Gesetze den Gebrauch des Pendels verbieten wollen und damit auch die Fernbehandlung. Erfreulicherweise wird scheinbar nicht verlangt, dass Leidenden die Reise nach einem anderen Ort mit besseren Heilkünstlern verboten werde! Diese selbstsüchtigen Ärzte sagen: Was ich nicht weiß und kann, soll allen anderen Men-

---

14 Im Original: „gekoppelt“. (rs)

15 Bei dieser Therapie legt der Heilmagnetiseur oder Magnetopath genannte Heiler seine Hand auf den Patienten, wodurch magnetische Heilströme auf diesen übergehen und eine Besserung der Erkrankung bewirken sollen.
Zitiert nach: www.sungaya.de/schwarz/allmende/krank/mesmerismus.htm. (rs)

16 Hellsehen. (rs)

17 Als Galvanismus bezeichnet man ein Diagnoseverfahren, das davon ausgeht, dass die zwischen verschiedenen Metallen im Mund bestehenden Strömungen für Erkrankungen direkt oder indirekt zuständig sind. (rs)

18 Wir geben hier zu bedenken – der Autor schreibt aus der Sicht der 30er Jahre. Natürlich wissen wir heutzutage: „Die Diskussion, ob die Relativitätstheorie überhaupt vernünftige Vorhersagen und Erklärungen bieten könne, ist schon seit Jahrzehnten vorbei. Die Relativitätstheorie hat sich in so vielen Experimenten so glänzend bestätigt, dass kein Raum für eine fundamentale „Richtig-oder-falsch“-Diskussion bleibt. Diejenigen, die die Relativitätstheorie als Unsinn bezeichnen, verdienen etwa gleichviel Beachtung, wie diejenigen, die immer noch glauben, die Erde ruhe in der Mitte des Kosmos. Zusammen mit der Quantenmechanik, ergibt sich ein Modell der Welt, das von enormer Vorhersage- und Erklärungskraft ist. Für seinen Beitrag zur Quantenmechanik (Photoeffekt) erhielt Einstein den Nobelpreis.“ Zitiert nach: http://lexikon.astronomie.info/Einstein/Einstein.html. (rs)

schen auch verboten werden. Damit soll der nationalen Bewegung das Bleigewicht längst veralteter Anschauungen angehängt werden! Wie verträgt sich das jedoch mit der Forderung „Gemeinnutz vor Eigennutz"?

Pendel gegen Wissenschaftler

Ich erhalte eben folgende lehrreichen brieflichen Mitteilungen, von hinten nach vorn erzählt.

1. *Julius Weiß* in *Villingen* schreibt am 23. Juni 1934 an den Bürgermeister Pg. Schneider in Villingen: „Wie ich erfahren habe, besteht die Absicht, die von mir entdeckte radiumhaltige Quelle im Kirnachtal mit meinem Namen zu taufen. Ich lege nicht den geringsten Wert darauf, meinen Namen verewigt zu sehen und möchte Sie bitten, von der beabsichtigten Benennung abzusehen."
2. Julius Weiß veranlasste eine Geländebesichtigung im Beisein eines seine Funde bestätigenden Rutengängers und des Landesgeologen *Oberbergrat Dr. Schnarrenberger*. Letzterem hatte Weiß vorher mitgeteilt, dass er mit dem Pendel Radium entdeckt habe. Die Geländebesichtigung hatte als Ergebnis ein Gutachten: Verneinung des Vorkommens.
3. Nach dreijährigen Bemühungen wurde erreicht, dass *Professor Bauer* in *Heidelberg* eine Wasserprobe der Quelle untersuchte. Dieser stellte sie als radiumhaltig fest und weckte Hoffnungen auf weitere Überraschungen.
4. *Julius Weiß* hatte sich vor Jahren mein erstes Pendelbuch beschafft, sich danach ausgebildet und als er arbeitslos wurde, in der Umgebung Steine gesammelt und nach Vorkommen gesucht, dabei war er auf die Radiumquelle gekommen. „Ich sende Ihnen anbei ein kleines Andenken, das Bild von der Quelle. Wahrlich doch ein schöner Erfolg und den verdanke ich Ihrem Büchlein."

Was ist ein „Dilettant"?

„Wenn wir die Geschichte der Wissenschaften überblicken, so bietet sich ein ganz eigenartiges Bild: Die großen Gedanken, die wirkliche Wendepunkte der Entwicklung darstellen, leuchten fast immer in den Köpfen von Außenseitern auf. Besonders auffallend ist das in der Technik. Die großen Techniker bilden eine einzige bunte Reihe von Außenseitern: der Uhrmacher Benjamin Huntsmann (der Erfinder des Tiegelstahls) der Kaufmann Henry Cort (der Erfinder des Puddelverfahrens), der Gerichtsschreiber S.G. Thomas (das Thomas-Stahlverfahren), der Barbier R. Arkwright (den mechanischen Spinnstuhl), der Prediger E. Cartwright (den mechanischen Webstuhl), der Mechaniker J. Watt (die Dampfmaschine), der Artillerieoffizier W. Siemens (die Elektrotechnik), der Kunstmaler S. Morse (den Schreibtelegrafen), der Volksschullehrer Philipp Reis (den Fernsprecher), der Schauspieler A. Senefelder (den Steindruck), der

Gärtner J. Monier (den Eisenbeton) – wollen wir die Reihe bis ins Unendliche verlängern? An Namen fehlt es nicht."

Und die Wissenschaft?
Der Buchdrucker B. Franklin (den Blitzableiter), der Arzt J. R. Mayer (das Kraftgesetz), der Mönchspriester Mendel (die Vererbungsgesetze). Der Buchbinder M. Faraday war einer der größten Physiker aller Zeiten! Er schuf die Grundlage für die Elektrizität. Wie haben Laien die Arzneikunde befruchtet! Der Kunstmaler C. Bähr schuf die Grundlagen der anorganischen Pendelkunde. Der Lehrer Kallenberg entdeckte die psychischen Emanationen ... Und Ärzte verlangen das Verbot des Pendels, weil sie nicht pendeln können!
Wir stecken noch immer im „geistigen Mittelalter"!
Der Physiologe *Prof. Dr. Bois-Reymond* begrüßte Werner Siemens als Mitglied der Preußischen Akademie mit den Worten: „Gerade weil du nicht den gewöhnlichen Bildungsgang des deutschen Fachgelehrten durchmachtest, zählt die Akademie besonders auf dich. Nicht bloß in dem Sinne, dass der ungewöhnliche Weg, auf dem du dich emporschwangst, ein Wahrzeichen ungewöhnlicher Befähigung ist, sondern weil wir dadurch, wie wir dies von manchen englischen Physikern rühmen, dein Blick frischer, deine Auffassung unbeirrter, dein Urteil freier blieb, als wenn du gleich anderen an den Lehrmeinungen der Schule gegängelt worden wärest."
Ja, wie viele Menschen kommen denn überhaupt im Leben „aus der Schule"? Zu gemeinen „*Nach*-denkern" sind sie erzogen, der Fortschritt bedarf der „*Vor*-denker"!

Die Analyse der Zellstrahlen lässt den Menschen in seinen eigenen Körper schauen

Man muss kein großer Prophet sein, um schon heute sagen zu können, dass die gewaltigsten Entdeckungen des kommenden Zeitalters auf dem Gebiet der strahlenden Energie liegen werden.
Einen kleinen Vorgeschmack von den großen Erkenntnissen und Umwälzungen haben wir ja heute schon in dem Wunder des Rundfunks, an das wir uns schon so gewöhnt haben, dass es fast keines mehr ist. Die physikalischen Wissenschaften lösen heute fast alles in Strahlen auf. Ob es nun das Atom ist oder ein Stern. Das ungeheure Strahlungsvermögen der Sonne, das nun schon Milliarden von Jahren anhält, erklärt man damit, dass die Materie der Sonne selbst sich in Strahlen auflöst. Und von den jetzt so oft genannten *„kosmischen Strahlen"* nimmt man an, dass sie irgendwo im Weltraum bei einem Lebensvorgang des Universums, vielleicht bei der Geburt eines neuen Sterns oder vielleicht beim Tode eines alten Sterns, entstehen und ausgesendet werden.

Sollte nicht auch der Mensch Strahlen aussenden, den man doch auch ein kleines Weltall, einen „Mikrokosmos“, nennt? Sollte er vielleicht, trotz seiner fest umrissenen Form und seiner wägbaren Körpermasse, nichts anderes sein als nur ein Büschel von Strahlen? Und sollten nicht auch seine Lebensvorgänge Strahlen erzeugen wie die Lebensvorgänge eines Sterns?
Füllt man ein kleines gläsernes Gefäß mit dem Blut eines gesunden jungen Menschen und stellt nahe daran ein zweites gläsernes Gefäß, das eine genau abgezählte Anzahl von Hefezellen enthält, so kann man nach einiger Zeit feststellen, dass sich die Hefezellen stark vermehrt haben. Die Hefe ist gewachsen.
Ein anderes Gefäß, das ebenso viel Hefezellen enthält, aber nicht in der Nähe des Blutes steht, zeigt ein bedeutend geringeres Wachstum. Das Blut kann nur durch Strahlen eine Fernwirkung auf die Hefezellen ausgeübt haben!
Noch seltsamer wird dies Wunder, wenn man das Blut eines Menschen nimmt, den man hungern ließ. Dieses Blut strahlt nicht. Es übt keinen Einfluss auf das Wachstum der Hefezellen aus. Ebenso verhalten sich das Blut der Greise und das Blut Krebskranker. Auch sie strahlen nicht.
Der Russe Gurwitsch hat als Erster auf dieses Strahlungsvermögen des lebendigen Organismus und auf die belebende, wachstumsfördernde Kraft der geheimnisvollen Strahlen hingewiesen. Er verwendete als Strahlensender nicht den menschlichen Körper, sondern die Zwiebel. Übrigens ist auch sie altes Symbol des Universums. Eine große Forschungsarbeit hat sich an diese anfänglich stark bezweifelte Entdeckung Gurwitsch’ angeschlossen, und heute ist man so weit, sich Strahlungsvorgänge im belebten Organismus halbwegs zu erklären. Es scheint nämlich, als ob die Strahlung durch ganz bestimmte Lebensvorgänge in der Zelle verursacht wird: durch die fermentativen Prozesse. Also bei der Spaltung des Zuckers, des Eiweißes und bei der Koppelung der Körperstoffe an Sauerstoff.
Je weiter man dem Geheimnis nachforscht, umso wunderbarer ist es. Man wird an die große Entdeckung der Spektralanalyse erinnert. Die Spektralanalyse zerlegt bekanntlich das von einem Stern ausgesendete Licht in die einzelnen Strahlenarten, und da bestimmte Strahlenarten von bestimmten chemischen Stoffen ausgesandt werden, können wir mit Hilfe der Spektralanalyse feststellen, aus welchen Stoffen ein Millionen Lichtjahre entfernter Stern besteht.
Die moderne Astronomie verdankt fast alle ihre großen Errungenschaften der Spektralanalyse. Sie hat mit ihrer Hilfe die Entfernungen der Sterne bestimmt, ja sogar die Sterne gewogen!
Nun, Ähnliches scheint uns jetzt die Analyse der von unserem Körper ausgehenden Strahlen bringen zu wollen. Es hat sich ergeben, dass diese Zellstrahlung keineswegs eine einheitliche Strahlengattung vorstellt, sondern dass jeder einzelne strahlende Vorgang innerhalb der Zelle seine besondere Art von Strahlen aussendet.

Die Zerlegung des Zuckers sendet also andere Strahlen aus als die Zerlegung des Eiweißes. Wir haben es jetzt vielleicht in der Hand, die allerfeinsten unwägbaren Vorgänge in unserem Körper auf Grund der Analyse der Zellstrahlung genau zu verfolgen, ein Wunder, das nicht geringer ist, als jenes der Spektralanalyse, mit dem wir die Stoffe der Sterne erkennen. Es hat sich weiter gezeigt, dass auch der Nerv Strahlen aussendet, und zwar wiederum verschiedene Strahlen, je nach dem Reizzustand, in dem er sich befindet. Vor unseren staunenden Augen öffnet sich hier ein neues Reich der Erkenntnis, dessen Weite wir heute kaum abschätzen können.

Aus dem Berliner 8 Uhr-Abendblatt[19]
vom 9. 5. 1933.

Ganz in der Richtung unserer Forschungen läuft folgender Aufsatz, den wir mit Befriedigung abdrucken. Der Verfasser ist uns leider nicht bekannt.

Die „geophysikalische" Wünschelrute

Die Bestrebungen, ohne die vom Menschen abhängige Wünschelrute die Ausstrahlungen der Vorkommen zu entdecken und damit unsere Lehren mechanisch zu bestätigen, haben nach einem veröffentlichen Bericht von Fritz Fust zu einem bemerkenswerten Erfolg geführt. Dieser Bericht vom 14.04.1934 lautet:

Ein neues geophysikalisches Messgerät – Auf der Suche nach Öl und Erz – Vor Einsetzung des Gerätes bei Bruchsal

Wieder einmal scheint es durch Zufall, in Verbindung mit technischem und wissenschaftlichem Können, gelungen zu sein, eine neue Entdeckung gemacht zu haben, die eventuell für die Zukunft von weittragender Bedeutung sein kann. Es handelt sich um das Stehle-Futterknecht'sche Messgerät zur Erforschung und Feststellung unterirdischer tektonischer Verwerfung, Wasseradern, Erz- und Ölvorkommen.

Der Wunderapparat

Nach jahrelangen Versuchen haben die beiden Forscher, Fabrikant *Stehle* und Elektroingenieur *Futterknecht*, beide in Stuttgart, dieses neuartige Messgerät vornehmlich auf empirischem Wege, d. h. durch eine Unmasse von Versuchen, zu seiner jetzigen Form ausgebaut. Die seitherigen Versuche zeigen als physikalische Erklärung der Strahlenmessung eine Ionisation, die wiederum auf verschiedene hochempfindliche Zeigermesser übertragen wird. Über die Art der Strahlung kann noch kein Aufschluss gegeben werden, weil die Wissenschaft

---

[19] Leider geht aus dem uns vorliegenden Original nicht hervor wo das Zitat beginnt oder endet. Auch der nächste Absatz entspricht dem Originalen Wortlaut. (D. V.)

noch nicht soweit vorgedrungen ist. Die Empfindlichkeit des Gerätes wurde durch systematische Untersuchungen soweit gesteigert, dass selbst schwache Wasservorkommen in großer Tiefe mit Sicherheit registriert werden. Durch Eichung des Gerätes an bekannten Vorkommen, sowie durch automatische Registrierung der Messergebnisse sind Messfehler so gut wie ausgeschlossen.

Auf der Suche nach Wasser

Die Teilnahme an einem solchen Messvorgang ist hochinteressant. Der Apparat, der das ansehnliche Gewicht von ca. 30 Pfund hat – obwohl als Hülle Leichtmetall verwendet wurde –, wird über Rücken und Brust an einem Riemen getragen, so dass sich auf dem Rücken die Batterie und auf der Brust das Messgerät befindet. An Hand eines Planes über die jeweilig zu untersuchende Gegend sucht der Träger das Gelände ab. Schon bei der ersten Umgehung erzielt man Aufschlüsse über die Schichtung der Gesteine. Ergibt sich auf der Skala ein Hochwert, so weiß der Mann am Apparat sofort, dass er sich auf einer Spalte oder zum mindesten einer tektonischen Verwerfung befindet. Die erzielten Höchstwerte werden von einem Begleiter sofort an Ort und Stelle auf den Plan eingetragen. Bei der zweiten Umgehung ist man über die Beschaffenheit der unterirdischen Bodenverhältnisse soweit im Bilde, dass nun die Werte auf automatischem Wege durch ein besonders in dem Apparat konstruiertes technisches Verfahren als Kurve aufgezeichnet werden. Auf dieser Kurve, die je nach Gelände ganz eigenartige Formen annimmt, wird dann für das untersuchte Gebiet ein Dokument ausgearbeitet, das über Wasservorkommen, dessen Tiefe und Ergiebigkeit, mit großer Sicherheit Auskunft gibt. Erwähnt sei, dass zur Bedienung der Apparate besonders geologisch und technisch geschulte Kräfte notwendig sind.

Wünschelrute ade!

Was das neue Gerät grundsätzlich vor der Wünschelrute, deren Wirksamkeit übrigens nicht angezweifelt wird, voraus hat, ist die Tatsache, dass es von aller menschlichen Beeinflussung unabhängig ist. Auch der gute Wünschelrutengänger kann bei einer Verwerfung oder Spalte im Erdinneren einen Ausschlag erhalten. Aber er vermag meistens die Reaktion der Wünschelrute nicht zu deuten. Er nimmt bei einem kräftigen Ausschlag gleich an, sich über großen Wasservorkommen zu befinden, ohne dabei zu berücksichtigen, dass er beispielsweise auch bei geologischen Verwerfungen oder Erdspalten, die gar kein Wasser zu führen brauchen, denselben kräftigen Ausschlag erhält.

Das Hervorragende an dem neuen Messgerät ist nun, dass man daran genau feststellen kann, ob es sich um Spalten mit oder ohne Wasservorkommen handelt.

Die praktischen Erfahrungen mit dem neuen Messgerät sind sehr vielseitig. Seit langer Zeit ist der bekannte Geologe Prof. Dr. *Wagner*, Stuttgart, der sonst mit jeglichem Scharlatanismus auf dem Gebiet der Strahlenforschung scharf ins

Gericht geht, ein eifriger Förderer des Unternehmens. Sein Gutachten schützt das geophysikalische Messgerät gegen jegliche Angriffe.
Am 17. Juni vorigen Jahres ereignete sich auf dem Roßfeld bei St. Johann in Württemberg ein Unglück, bei welchem der Blitz in eine Schafherde eingeschlagen hatte und 32 Tiere zur Strecke brachte. Einige Jahre vorher wurden einem Bauern an derselben Stelle sieben Stück Vieh durch den Blitz erschlagen. Die sofort an der Unglücksstelle mit dem „Stehle-Futterknecht'schen Apparat" vorgenommenen Messungen haben ergeben, dass unterhalb der Unfallstelle sich ein riesiger unterirdischer Hohlraum befindet und dass das dortige Gebiet aus diesem Grund hochgradig blitzgefährlich ist.

Eichung auf Öl und Erz

In allernächster Zeit wird das Gerät auch auf unterirdische Ölvorkommen *in der Gegend von Bruchsal* und im Hannoverschen geeicht werden, nachdem schon verschiedene Versuche in dieser Richtung mit Erfolg unternommen wurden.

Türen öffnen sich von selbst

Die Erfinder haben in ihrem Haus in Stuttgart hochinteressante Versuche angestellt. So wurde beispielsweise das ganze Haus samt dem Garten, Quadratmeter um Quadratmeter, auf Bodenstrahlungen abgesucht und das Ergebnis in ausführlichen Plänen, Zeichnungen, Berechnungen und Beschreibungen festgelegt. Im Garten sind außerdem auf einem Betonfußweg in roter, gelber und blauer Farbe die Ergebnisse in Kurven aufgezeichnet. Im Arbeitskabinett des Erfinders befindet sich ein auf menschliche Ausstrahlung geeichter Apparat, der bei Annäherung eine Türe selbsttätig zum Öffnen bringt und nach Passieren der Schwelle diese ebenfalls automatisch schließt. Auch der Kassenschrank ist gegen menschliche „Annäherung" gesichert, indem dort bei Annäherung auf drei Meter Entfernung eine Alarmvorrichtung in Bewegung gesetzt wird. Das Haus des Erfinders zeigt außerdem noch mancherlei Sehenswürdigkeiten. Stapel von Versuchsplänen – jeder Versuch wurde gewissenhaft mit geometrischen Zeichnungen festgelegt –, eine technisch-physikalische Werkstatt mit neuartiger Einrichtung ist nur ein Teil von den Sehenswürdigkeiten, über die hier zu reden gar nicht die Absicht ist, denn obwohl das neue Messgerät und die anderen Apparate patentiert sind, haben die Erfinder gar nicht die Absicht, ihre Erfahrungen vor der ganzen Welt auszubreiten. Eine unschuldige, technisch unbelastete Journalistenseele allerdings darf man schon einen Blick in die geheimnisvollen Dinge tun lassen.

Die Entdeckung ein Zufall

Interessant zu wissen ist, dass die Entdeckung des Strahlenmessgerätes durch einen Zufall erfolgte. Im Sommer 1931 waren nämlich die Erfinder mit der Konstruktion eines Schaltgerätes beschäftigt, mit dem beispielsweise Türen geöffnet, Schaufenster beleuchtet oder ganze Räume gegen unbefugtes Betreten geschützt werden können. Nach der glücklichen Vollendung dieser Konstruktion wurde die Entdeckung gemacht, dass derselbe Schaltvorgang auch ausgelöst werden kann, wenn ein mit dem Gerät leitend verbundener und abgestimmter Mensch sich über solche Stellen bewegte, die von einer großen Anzahl von Rutengängern gemeinsam als bestrahlt bezeichnet worden waren. Damit war die Möglichkeit gegeben, den Ruteneffekt als etwas physikalisch Erfassbares anzusprechen. Zur jetzigen Ausgestaltung des Messgerätes waren natürlich grundsätzliche Konstruktionsänderungen erforderlich.

Zukunftsaufgaben

Über die nächsten Aufgaben des Messgerätes schreibt der Geologe Prof. Dr. *Wagner* in seinem Gutachten: „In Trockengebieten, wo das Wasser ganz andere Werte hat als bei uns, ist für das Messgerät ein weites Arbeitsfeld gegeben. Das tektonische Bild unseres Landes wird nach wenigen Jahren Arbeit mit dem Gerät ein weit klareres sein. Auf dem Gebiet der Versickerungen öffnet sich ein großes Arbeitsfeld. In wenigen Jahrzehnten können wir ein Bild der unterirdischen Flussläufe in unserem Lande geben. Selbstverständlich wird es sein, dass das Gerät die Wünschelrute vollständig ersetzt und endgültig außer Kurs setzt. Wer wird noch mit der Rute arbeiten, die so zahlreiche Misserfolge mit sich bringt, wenn man mit dem Messgerät über 90 Prozent, wenn nicht noch mehr, verzeichnen kann? Noch weit größer wäre die Bedeutung, wenn es gelänge, das Gerät für Erschließung von Erdöl und Erzanlagen erfolgreich einzusetzen."
Und gerade mit dem Ausbau dieses letzten Problems sind die Erfinder zurzeit beschäftigt. Es ist damit zu rechnen, dass noch im Verlauf dieses Jahres die Versuche soweit gediehen sind, dass die ersten praktischen Ergebnisse bei Erz, Kohle und Öllagern erzielt werden können. Schon heute bekennt sich ein großer Teil der Wissenschaft zu der absoluten Messsicherheit des Gerätes. Aus der ganzen Welt sind bei den Erfindern Anfragen eingegangen. Von einer ausländischen Regierung wurde der Kauf der Patente zu einem namhaften Betrag angeboten. Das Unternehmen lehnte selbstverständlich dankend ab. Denn zuerst wird es die Aufgabe sein, Deutschland nach eventuellen Vorkommen von Öl und Erz gründlich abzusuchen. Wer weiß, ob nicht in Deutschland noch unterirdische Schätze verborgen schlummern, von denen man heute noch keine Ahnung hat. Erst in zweiter Linie wird das Unternehmen Messtrupps nach dem Ausland, vor allem nach Übersee, ausrüsten.

Was ist der anzeigende Pendel?

Der Pendel ist keine neue Erfindung, denn er blickt auf eine lange Geschichte zurück. Er hat sicher einen Platz unter den Tempelgeheimnissen des Altertums gehabt. Seine Anwendung in der Mantik des Altertums ist durch die klassische Literatur verbürgt.

Die Minen- und Goldsucher des Mittelalters, die geheimnisvollen „Venediger", sollen sich seiner beim Aufsuchen der Erzadern bedient haben.

Auch der Universalgeist Goethe war damit wohlvertraut, es gibt in seinem Roman „Wahlverwandtschaften" im zweiten Teil, elftes Kapitel, eine vorzügliche Darstellung der Pendelexperimente. Hier ist Ottilie als Sensitive deutlich unterschieden von den anderen Personen, denen die Pendelkraft abgeht. Die Empfindungen der Sensitiven werden so genau geschildert, dass man zu der Annahme kommt, Goethe selbst sei sensitiv gewesen.[20] Er hat wohl den Pendel bei seinen geologischen Forschungen benutzt. Die astrologischen Vorbedingungen dazu sind vorhanden. Bei seinen Studien zur Farbenlehre ist die Benutzung des Pendels mit Sicherheit behauptet worden.

Das Mittelalter scheint jedoch den Pendel nur noch als Anzeiger der Ausstrahlungen von leblosen Dingen, vornehmlich Mineralien und Erzen, gekannt und benutzt zu haben. In dieser Beziehung ist er ein Bruder der Wünschelrute. In der Tat lässt er sich zu genau denselben Zwecken benutzen, es dürften die mannigfacheren Ausschläge sogar ein viel eingehenderes Ergebnis zeitigen. Die meisten Pendler werden auch für die Wünschelrute geeignet sein, wie das auch bei mir zutrifft, doch ist es nicht immer der Fall, dass alle Pendler auch Rutengänger sind, und umgekehrt. Es wird zur Klärung dieser Dinge beitragen, wenn Personen, die sich an Hand der folgenden Zeilen als Pendler ausbilden, auch später als Rutengänger Erfahrungen sammeln und dabei die Angaben der Wünschelrute mit dem Pendel nachprüfen. Hierbei werden speziell diejenigen Personen in Frage kommen, die mit Pendeln von wenigstens 250 Gramm Gewicht noch starke Anschläge erzielen.

Die Anwendung des Pendels zu wissenschaftlichen Zwecken hat nie aufgehört, sie ist aber als „Okkultismus" von der Schulwissenschaft, wie so oft bei anderen Dingen, nicht beachtet worden. Zu ihrem eigenen Schaden, denn sie hat viele Entdeckungen Laien überlassen müssen. Oft sucht sie sich durch Nachentdeckungen und geflissentliche Verschweigung der bereits vorliegenden Erfahrun-

---

[20] Den wenigsten ist bekannt, dass Goethe selbst in seinem Leben, oder durch Freunde und Verwandte (schon sein Großvater verfügte über die Gabe des Vorausschauens), viele okkulte Phänomene erfuhr: Träume die sich bewahrheiteten, dunkle Vorahnungen und Orakel, Gedankenübertragung und Telepathie, spukhafte Vorgänge deren Zeuge er wurde, Poltergeisteffekte, mystische Zustände und vieles andere ‚Unerklärliche' mehr. Das führte dazu, dass er sich ausführlich dem Thema "Okkultismus" widmete. Vgl. Auch "Goethe als Okkultist" von Prof. Max Seiling, Neuauflage im Bohmeier Verlag. (D. V.)

gen und der vorhandenen Vorgänger den Ruhm zu sichern. Ehrlich ist das freilich nicht, aber ehrenvoll nach oben und außen. Damit sind die Herren ja auch vollauf zufrieden.

Mitte des 19. Jahrhunderts beschäftigten sich besonders Freiherr von Reichenbach, der Entdecker des „Od", ferner Professor Bähr mit dem Pendel. Kurz vor dem Weltkrieg[21] brach eine neue Epoche für den Pendel an. Friedrich Kallenberg in Bayreuth entdeckte den „psychischen" Pendel, als er ihn zufälligerweise über Gebrauchsgegenstände und die Fotografie seiner verstorbenen Frau führte. Ergriffen von der Erscheinung, begann er mit systematischen Forschungen, die zuerst in dem Buch „Offenbarungen des siderischen Pendels" und später in dem die Erfahrungen anderer Forscher mitenthaltenden Buche „Die P-(Pendel-)Strahlen" veröffentlichte.

Diese Schriften haben viele Okkultisten veranlasst, sich mit dem Pendel zu beschäftigen.

Der psychische Pendel ist es hauptsächlich, der unsere Aufmerksamkeit fesselt, er gibt die allerwichtigsten Aufschlüsse, die das Wohl und Wehe unserer eigenen Person und unserer Lieben betreffen. Dabei ist das Instrument so einfach und dessen Behandlung so leicht zu erlernen, dass ich mit dieser Schrift den Versuch fortführe, es in die weitesten Volkskreise einzuführen. Da ich als gerichtlicher Sachverständiger den Pendel, meines Wissens erstmalig, zur Beweisführung mit Erfolg in Strafangelegenheiten vor dem Schwur- und Landgericht angewendet habe, und auch sonst über viele eigene Erfahrungen verfüge, glaube ich die Befähigung zu besitzen, über diese Sache schreiben zu können.

Eine Anleitung in der hier gegebenen Form und Ausführlichkeit ist vorher noch nicht veröffentlicht worden, ich schöpfe hier viel aus eigener Erfahrung und meiner Lehrtätigkeit auf diesem Gebiet.

Die Pendelforschung steht auf einer natürlichen, ein wissenschaftliches Forschungsgebiet darstellenden Grundlage, auf dem einzelne Wissenschaftler als Eigenbrödler bereits tätig sind. Nachdem das Radium[22] und seine Ausstrahlungskräfte bekannt geworden, ist diese Grundlage leicht zu verstehen, sie lässt sich in wenigen Worten schildern.

Jede gewachsene (natürliche) Materie sendet Strahlen aus. Jeder belebte Körper strahlt seine Wesenheit aus. Der siderische Pendel zeigt diese Ausstrahlungen an, er klassifiziert sie und ermöglich damit die genaue Feststellung der vorhandenen Eigenschaften. Jeder Gedanke ist *wesenhaft* und *strahlt*, er kann durch

---

21 Hier ist der 1. Weltkrieg von 1914–1918 gemeint. (rs)

22 Marie Curie (1867–1934) und Pierre Curie (1859–1906) waren französische Physiker und Nobelpreisträger. In gemeinsamer Forschungsarbeit entdeckten sie 1898 die chemischen Elemente Radium und Polonium (von Marie zu Ehren Polens so genannt) und untersuchten radioaktive Strahlung. Sie legten damit eine der Grundlagen für die moderne Kernphysik. Zitiert nach: http://www.richterkoeln.de/lorenz/radium. (rs)

den psychischen Pendel festgestellt und eingeschätzt werden. Es ist also eine Erweiterung des Gebietes der Naturwissenschaft. Mag die Kraft selbst unsichtbar, unbekannt und daher „okkult" sein, die Sache selbst steht auf einer natürlichen Grundlage und verträgt den ärgsten Skeptizismus.
Es wird viel zu wenig bedacht, dass die Benennung einer Erscheinung oder eines Vorganges noch keine Erklärung für die Sache selbst ist. Ich nenne einige solcher Bezeichnungen, deren „Wesen" noch völlig „okkult" ist: Gravitation, Druck des Schwergewichts, Anziehungskraft, Abstoßungskraft, Elektrizität, Magnetismus, die kosmischen Strahlen!
Zu den vorhandenen Theorien über die den Pendel bewegende Kraft treten alljährlich neue. Es ist wenig wichtig für den Praktiker, jede auftauchende neue Ansicht kennen zu lernen. Eines ist aber sicher: *Die Betriebskraft für den Pendel liefert der Pendler selbst, fortgesetztes Pendeln entnimmt dem Körper beachtenswerte Kräfte, es ermüdet sehr. Sehr wahrscheinlich liefert das Nervensystem diese Kraft.* Alles Übermaß ist daher schädlich. Sind die Nerven überanstrengt, so werden die Ergebnisse zweifelhaft. Nur gesunde, kräftige Menschen dürfen häufiger pendeln, kränklichen Personen ist die größte Mäßigung anzuraten. Am anstrengendsten sind volle Analysen, während die einfachen Aufgaben nicht nennenswert schwächen.

Pendelapparate

Es wird mir von Pendlern mitgeteilt, es würden verschiedene Apparate zu erheblichen Preisen angeboten, welche dem Pendler eine Erleichterung bringen sollen. So soll ein galvanisches Element die Kraft zum Pendeln liefern, wenn es dem Pendler daran mangelt oder wenn er ausgedehnte Untersuchungen anstellt, welche über seine Kraft gehen. Da wurde ich gefragt, ob es denn notwendig wäre, Apparate zu Preisen von zum Beispiel 190–600 RM[23] zu kaufen.
Was ich geantwortet habe, will ich hiermit allen Pendlern mitteilen:
Der einfachste Apparat zur Stärkung der Pendelkräfte ist die Strahlscheibe von Professor Korschelt, die in der Pendelbücherei ausführlich geschildert ist. Ich habe folgendes einfaches Verfahren gefunden. Auf die Strahlscheibe lege ich eine Glasplatte und diese dient als Pendeltisch. Die Ausschläge selbst sind genau so individuell wie ohne Strahlscheibe.
Ich empfehle zum Beispiel folgenden Versuch: Auf die Glasplatte lege ich das Lichtbild eines Verstorbenen; der Pendel rührt sich nicht. Dieses Experiment habe ich ja schon in den Pendelbüchern beschrieben, nur dass die Abbildung darin die aufgehängte Scheibe an der Wand zeigt. Lege ich über das Lichtbild ein Objekt von einer lebenden Person, so hindert das Bild des Verstorbenen die

[23] Die Reichsmark (RM) war 1924–1948 offizielles Zahlungsmittel der Weimarer Republik bzw. des Deutsches Reiches. Um 1935 konnte eine fünfköpfige Familie von ca. 170 RM im Monat leben. (rs)

Auspendelung dieses Objektes. Lege ich umgekehrt einen Brief einer lebenden Person auf die Glasscheibe und darauf das Lichtbild des Toten – da erhalte ich die Ausschläge vom Briefe her, das Lichtbild vermindert die Ausschläge, hebt sie aber nicht auf.

Die Strahlscheibe ist der billigste Verstärker für den Pendler, sie arbeitet ohne Betriebskosten und ist außerdem bei der Behandlung von Krankheiten weiterhin brauchbar.

Prüfende Vorsicht bei allen Versuchen anzuwenden, dazu rate ich dringend. Man wird ja bald zur Gewissheit auf Grund eigener Erfahrung kommen, und sich dann mit vollem Vertrauen des Pendels bedienen, um die allerwichtigsten Aufschlüsse zu erhalten, die auf einem anderen Wege zur Zeit nicht erhalten werden können.

Wenn es nicht gerade der Vorzug des Pendels wäre, leicht beweglich und vielseitig zu sein, so wären diese Eigenschaften als seine schwache Seite zu betrachten, weil die Pendler zu oft nicht folgen können. Der Pendel ist in überraschendem Maße anpassungsfähig, er bedarf lediglich einer sachverständigen Führung, *die weiß, was sie will,* und er folgt ihr unweigerlich.

Es ist die positiv gerichtete Willenskraft, es sind die Impulse, die von ihr ausgehen. Bist du von einer Idee ganz eingenommen, so durchdringt sie dein ganzes Wesen, alles ordnet sich ihr unter. Auch der Pendel! Vielleicht ist es dir nicht einmal bewusst, dass deine Impulse einseitig gerichtet sind im Dienste einer Idee!

Professor K. Bähr in Dresden war auf die Idee gekommen, alle lebenden Dinge müssten einen bestimmten Ausschlag auf einer Gradskala haben, der Pendel bejahte es und lehrte ihn diesen Grad bei Tausenden von Dingen.

Friedrich Kallenberg in Bayreuth führte unbewusst den Pendel über das Bild seiner verstorbenen Frau und entdeckte die psychische Emanation der Dinge. Gewisslich war sein Inneres auf die psychische Seite gerichtet und der Pendel nahm die Impulse auf.

Wer lediglich die Idee „ach, ich will doch auch einmal probieren, ob ich pendeln kann“ hat, der erhält vom Pendel ganz kunterbunte Linien. Er arbeitet richtungslos oder folgt den blitzschnell auftauchenden Gedanken des Pendelhalters. Der wahre Pendler arbeitet beherrscht!

Also ist es eine Selbstschulung, die durchzumachen ist, ohne die es keine brauchbaren Ergebnisse gibt. Die Schulung besteht in einer methodisch durchgeführten Übung, bei welcher der Reihe nach die Ausdrucksmöglichkeiten des Pendels studiert werden, zurzeit jeweils eine Übung. Dabei findet ein Aufstieg durch die innere Organisation der Lebewesen statt: Körper, Lebenskraft, Triebseele, Geistseele, Geist, Wachbewusstsein und Unterbewusstsein.

Das sei im Einzelnen kurz erläutert: Der *Chemiker* stellt bei jedem Element das spezifische Gewicht fest, wobei allein dieses die Idee der Forschung ist. Die

Ziffern sollen Gramm, also den tausendsten Teil eines Kilos, bedeuten. *Wir* stellen den Gradausschlag eines Elementes fest. Unser Maßstab ist der Kreis, eingeteilt in 360 Grad oder Teilstriche. Dieser Maßstab wird vielseitig verwendet, in der Mathematik, der Astronomie usw. Es gibt auch Unterteilungen, der Kreis kann durch ein Kreuz in 4 Teile zerlegt werden, jeder davon heißt Quadrant. Die Astronomie zerlegt ihn in 12 Teile, also jeden Quadranten in 3 Teile; sie teilt den Sternenhimmel damit in 12 Teile, von denen jeder Teil einem Monat entspricht. Es ist ein uralter Maßstab, den wir da verwenden. Lege ich jetzt eine Pappscheibe mit dieser Gradteilung unter den abzupendelnden Gegenstand mit dem Impuls, der Pendel werde den zutreffenden Grad bezeichnen, so folgt er sofort der Weisung. Das sei die erste Stufe: die Feststellung der Grade.
Der Chemiker kennt ferner die Eigenschaften eines Elementes, er sucht daher die Eigenheit eines Dinges zu erforschen, die zugleich seine Wirkungssphäre angibt. Dem entsprechen beim Pendel die individuellen Linien einer Sache. So pendelt Gold einen Kreis und Silber eine Ellipse, sobald *dieser* Impuls den Pendel leitet.
Hatten wir bei der Gradpendelung für Gold 0 Grad, bei Silber 45 Grad, so zeichnet der Pendel jetzt Kreise und Ellipsen! Mit diesem Forschungsimpuls werden also neue Linien gependelt. Richte nun abwechselnd deinen Impuls auf Gradpendelung, dann Sachpendelung, so wirst du den Pendel gehorsam finden, er folgt wie ein treuer, gutgezogener Hund.
Jetzt geht es einen Schritt weiter: Bei lebenden Wesen, wozu auch Pflanzen gehören, ist die Lebenskraft festzustellen, die Triebkraft. Triebseele, Geistseele oder Verstand, der Charakter, der Geist oder Intellekt kommt beim Menschen hinzu, den Abschluss bilden Wachbewusstsein und Unterbewusstsein.
Stufe für Stufe muss erstiegen werden, zuletzt ist der Pendler ausgebildet, er hat im Pendel einen gehorsamen Diener, der immer dasjenige herbeiträgt, was verlangt wird.
Fraglos stimmen die Ergebnisse aller Forscher überein, solange es sich um die beiden untersten Stufen handelt, wo die natürlichen Ausstrahlungen (Emanationen) der Naturalien nach Normalien[24] festgestellt werden. Dann beginnen die Linien unsicher zu werden, aber nur bei verschieden gerichteten Menschen. Bei gleicher Grundstellung werden immer genau übereinstimmende Ergebnisse erzielt.
Damit will ich auf die folgende Möglichkeit aufmerksam machen: Während mehrjähriger Versuche hat sich bei mir eine gesetzliche Grundlage herausgebildet, ich habe Normen gefunden, mit denen ich zurechtkomme wie alle anderen, die nach ihnen arbeiten und urteilen. Es ist möglich, dass meine Begeisterung für Astrologie und astrale Gestaltungen auf die Bildung der Normen eingewirkt hat, aber es ist auch möglich, dass die Harmonie in der Schöpfung groß genug

[24] *Normalien (*lat. normalia, normalis, normal): Grundformen; Regeln, ... (rs)

ist, um überall Entsprechungen zu finden: Mein Pendel-Grundschema zeigt wie das Horoskop einen kleinen Kreis, umgeben von einem weiteren. Darin ist die Vierteilung durch das Kreuz, in jedem so gebildeten Quadranten 4 Unterteilungen, zusammen also 16 Abteilungen, von denen eine jede eine abgesonderte Bedeutung hat.

Wer nach dieser von mir in der Folge genau beschriebenen Norm arbeitet, wird sein Inneres damit erfüllen, der Pendel wird sich anpassen und es wird jedermann dasselbe Pendeldiagramm erhalten wie ich.

Es könnte jedoch ein anderer Pendler von anderen Gestaltungen erfüllt sein und auf einer anderen Norm eine Grundlage finden, welcher sich der Pendel auch anzupassen vermag. Bekannt ist mir keine, das sei vorab bemerkt, aber Ansätze habe ich hier und da gefunden. Dann wird man *nicht* sagen können: die Pendelforschung hat sich damit selbst das Urteil gesprochen, sie ist nicht ernst zu nehmen. Sondern es muss anerkannt werden: Wie in jeder Wissenschaft sind auch hier mehrere Methoden möglich, mit jeder sind die erstrebten Ziele zu erreichen. Die Eigenart der Persönlichkeit macht die eine Methode für sie brauchbarer als eine andere. Um zu einem Beispiel zu greifen: *Ein* Arzt hat eine ausgesprochene Neigung zur Allopathie und heilt damit Kranke. Dasselbe erreicht *ein anderer* Arzt durch Homöopathie, *ein dritter* durch physikalische Heilmethoden. Der Allopath kann einfach nicht mit homöopathischen Mitteln heilen, der Homöopath erreicht nichts mit dem groben Geschütz der allopathischen Mittel. Jede Methode ist berechtigt für diejenige Persönlichkeit, der sie angemessen ist.

Leider ist diese Erkenntnis noch nicht tief eingedrungen, denn sonst würde der Kampf der überall vorhandenen Richtungen eine andere, versöhnlichere Note erhalten. Ob in einem Staat jede der vorhandenen Parteien, ob in einer Fakultät die Partei, welche sich die Macht der Lehrstühle erobert hat, ihre Meinung als allein richtig, jede andere als falsch und verderblich ansieht – es ist derselbe Unverstand, dieselbe Einsichtslosigkeit. Es ist ersichtlich ein Unterschied dazwischen, ob jemand die Logik schulmäßig kennen gelernt hat, sie wohl gar an Hochschulen lehrt, aber sie nicht praktisch anwendet, oder ob die Logik die Denk- und Handlungsweise erfüllt hat, sie leitet. Für beides hat man Beispiele!

Ich warne also vor Einseitigkeit des Urteils und erkläre daher selbst: Was ich hier lehre und zeige, ist das Ergebnis meiner Forschungen, als Ausfluss meiner Persönlichkeit. Wer sich damit erfüllen kann, kommt zum Ziel. Wenn jemand eine andere Methode finden und bekannt geben sollte, so mag sie jeder Pendler versuchen, denn es ist möglich, auch damit zum Ziel zu kommen, ganz nach Veranlagung.

Wer kann pendeln?

Nicht jedermann, das sei voraus bemerkt!

Aber unter einer Familie von 4–5 Köpfen findet sich in der Regel immer eine Person, welche die Konstitution dazu hat. Man muss sensitiv sein. Erlernen lässt sich der *Gebrauch* des Pendels, nicht aber die *Fähigkeit* zum Pendeln.

Es liegt niemals am Pendel, wenn keine Ausschläge kommen. Wer mit einem beliebigen Pendel keine Ausschläge bekommt, kann sich als nichtsensitiv betrachten. Zwecklos ist es daher, andere Pendel zu kaufen und zu erproben.

Worin die angeborene Veranlagung eigentlich besteht, ist schwer zu erklären. Der Astrologe kann es aber aus dem Geburtshoroskop – Jeder ernste Mensch sollte ein solches haben! – erkennen. Besonders alle Leute, die am Geburtsmeridian und am Horizont die besonderen Kräfte verleihenden Planeten Uranus und Neptun stehen haben, sind dazu befähigt. Ich habe die Horoskope von mehreren bedeutenden Rutengängern und Pendlern berechnet, immer fand ich diese Konstellationen vor; auch in meinem Horoskop ist sie vorhanden.

Ferner haben alle Menschen, die von den Zodiakalzeichen[25] Krebs, Skorpion, Fische, Widder, Löwe beeinflusst werden, Anspruch auf die Eignung als Pendler. Aber damit ist die Liste noch nicht abgeschlossen. Kundige Astrologen kennen noch viel mehr Konstellationen, welche zum Pendeln befähigen.

Das Alter spielt gar keine Rolle, selbst ein Säugling kann den Pendel halten, wenn sonst kein sensitives Familienmitglied vorhanden ist. Wenn nun ein Kind den Pendel hält, wird niemand auf den Gedanken kommen, es würde der Pendler die Pendelbewegungen beeinflussen.

Alle Leute, die pendeln können, sind sensitiv. Das besagt: sie haben empfindlichere Nerven, es sind feinere Kräfte der Natur locker und wirksam. Die Sensitivität kann sich nach verschiedenen Richtungen hin äußern. Da hat der eine Wahrträume (Man erlebt eine Szene in der Wirklichkeit zum zweiten Mal!), der andere leidet unter Ahnungen, beim dritten sind die fünf Sinnesorgane viel feiner entwickelt, sie sehen, fühlen, schmecken Dinge, die dem Nichtsensitiven unerklärlich sind. Zuweilen nimmt dieser „sechste Sinn" den Charakter eines krankhaften Zustandes an. Alle Medien sind hochgradig sensitiv.

Wer als Nichtsensitiver durch fortgesetzte Übungen nach in Bücherformen herausgegebenen Anleitungen die Sensitivität erwerben will, schädigt seine Gesundheit und seine Nerven in unheilvoller Weise; davor ist also ernsthaft zu warnen.

Man darf aber nicht umgekehrt schließen und sagen, alle Sensitiven seien krank, das ist wirklich nicht der Fall. Es verträgt sich eine recht robuste Natur mit der Sensitivität.

---

25 Tierkreiszeichen. (rs)

Es ist die Meinung ausgesprochen worden, jeder 4. bis 5. Mensch könne pendeln, das trifft nach meinen Beobachtungen zu. Selten kommt man in einen Kreis, wo keiner pendeln kann.

Die Probe ist ja leicht gemacht: Man nehme einen Fingerring, binde ihn an einen Zwirnsfaden und halte diesen um den Mittelfinger der rechten Hand gewickelt über seine linke Hand oder die Hand einer anderen Person, über eine Fotografie, einen Brief, ein gebrauchtes Taschentuch usw. Die anderen Finger der Hand werden dabei eingeschlagen, gefaustet. Man warte ruhig bis 5 Minuten, erst wenn bis dahin keine Bewegung entsteht, kann man sich als Nichtsensitiven bezeichnen, im anderen Falle ist man sensitiv und kann sich ausbilden.

Die Stärke der Pendelausschläge ist von der vorhandenen Sensitivität abhängig, sie hat aber nur verhältnismäßige Bedeutung für die Anzeigungen des Pendels. Ich experimentiere in meinen Vorträgen gern mit Uhrgewichten von 4–6 Pfund[26], diese hänge ich an einen starken Bindfaden und lege die abzupendelnden Gegenstände auf einen Holzschemel oder den Holzfußboden. Dabei habe ich Anschläge von etwa 40 cm Durchmesser. Mein Tischpendel wiegt 85 g. Ich gehe aber herunter bis auf 1-g-Pendel, den ich für Bilder mit mehreren Personen oder für kleine Schriftzüge verwende.

Die Stärke der Ausschläge ist auch vom körperlichen Befinden beeinflusst, selbst die Tageszeit macht sich dabei bemerkbar. Jeder Pendler lernt bald die für ihn günstigsten Stunden unterscheiden. Die Morgenstunden sind keineswegs die günstigsten, nach meiner Erfahrung sind bei vielen Pendlern die Abendzeiten nach Untergang der Sonne am vorteilhaftesten. Hingegen habe ich noch keine Person kennen gelernt, bei der die Pendelfähigkeit zeitweilig überhaupt aussetzt. Beim Vorliegen von krankhaften Zuständen rate ich das Pendeln zu unterlassen.

Was kann ausgependelt werden?

Alles Organische[27].

Alle Gesteine, Mineralien, Metalle haben bestimmte Ausschläge, so dass man die Gattung durch den Pendel erkennen und einordnen kann.

Alle Pflanzen geben Ausschläge, verschieden nach Wurzel, Stängel, Blüte, Frucht.

Die Tiere pendeln in derselben Ordnung wie die Menschen.

Alle Gegenstände, die das Od von beseelten Lebewesen aufgenommen haben. Das persönliche Od haftet allen gebrauchten und ungewaschenen Kleidungsstücken an, der Handschrift, der Fotografie, auch dem Schatten des Menschen. Es lässt sich auspendeln:

---

[26] Ein Pfund sind 500 g, also sind hier 2–3 kg gemeint. (rs)

[27] Im Original: Alles Organische, Naturgewachsene. (rs)

- die stoffliche Beschaffenheit,
- die seelische Veranlagung,
- der Charakter,
- die geistige Kapazität.

Die Fotografie lebt mit der fotografierten Person das weitere[28] Leben! Die weiteste Entfernung spielt dabei keine Rolle! Ein unfassbar feiner Strom geht von einem zum anderen! Das Kinderbild lässt bereits die späteren körperlichen und geistigen Zustände erkennen! Selbst auf einem nach einer Fotografie angefertigten Klischeeabdruck findet ein Zusammenhang mit der Person statt! Doch ist hier Vorsicht anzuraten, da Fehlerquellen möglich sind.

Die Handschrift hat dieselben Eigenschaften!

Ob eine Person in voller Wirklichkeit, oder ob eine Fotografie oder eine Schriftzeile: Der Pendel zeigt den gegenwärtigen, vergangenen und bei vielen Dingen auch den künftigen Zustand an.
Wie wunderbar ist das! Erprobe das Wunder!

Der Winkel in der Ausstrahlung

Die Ausstrahlungen streben nicht vertikal nach oben, sondern in Form eines auf der Spitze stehenden Kegels. Die Basis dieses Kegels ist verschieden und lässt Rückschlüsse auf die Qualität zu. Zur Beobachtung dieser Erscheinung stelle man sich einen Handspiegel gegenüber, der die Tischplatte noch zeigt und halte einen Maßstock mit Zentimeterteilung in der linken Hand, auf den Tisch gestellt. Wenn die rechte Hand den Pendel hält, so ist am Maßstock abzulesen, in welcher Entfernung vom Gegenstand der Pendel auszuschlagen beginnt. Die Kegelform der Ausstrahlung hat zuerst *Haberstumpf* entdeckt.
Der Pendel benötigt zum Ausschlagen Raum. Ist der Strahlungswinkel sehr klein, so muss der Pendel höher gehalten werden, bis der „Mantel", wie Haberstumpf den Ausstrahlungswinkel genannt hat, so weit ist, dass der Pendel Bewegungsfreiheit erhalten kann. Der Ausschlag kann nur mit zunehmender Entfernung des Pendels vom Gegenstand an Weite gewinnen.

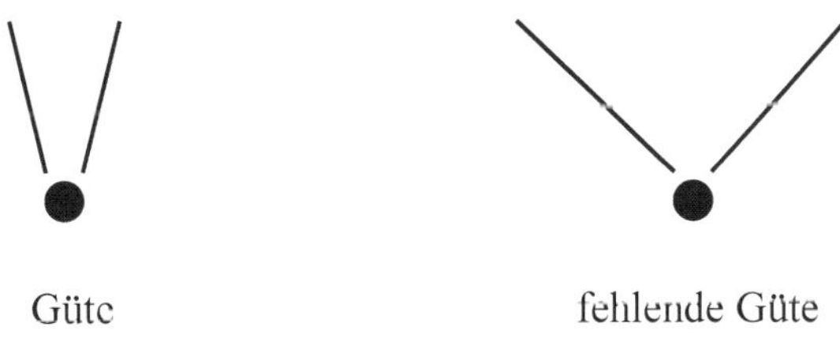

Güte | fehlende Güte

[28] Im Original: fernere. (rs)

Nach meiner Beobachtung wird die Kegelspitze mit zunehmender Güte eines Stoffes enger. Minderwertige Stoffe breiten den Kegelmantel aus, folglich vermag der Pendel dicht über dem Gegenstand bereits seine Schwingungen auszuführen. Der Winkel ist auch zu erkennen, wenn der schwingende Pendel dem Gegenstand genähert wird. Die Kreise usw. werden immer kleiner, bis der Zustand der Ruhe erreicht ist. An dieser Stelle hat der Winkel die Breite der Pendelspitze, er kann somit durch Messung der Entfernung vom Gegenstand beziffert werden!
Chemikalien und Steine haben einen breiten Winkel, Edelsteine einen spitzen. Ein geistig Hochstehender hat einen spitzen, ein dem Tierreich nahestehender Mensch einen breiten Winkel.
Ein Edelstein kann nach zwei Richtungen ausgependelt werden, es kann seine Werteigenschaft zum Gegenstand der Forschung gemacht werden, oder seine chemischen Grundstoffe. Diese sind bei niedriger Pendelhaltung zu erforschen, jene verlangt eine höhere Pendelhaltung.
Mit „Werteigenschaft" ist nicht der Geldwert gemeint, sondern die Wirkung auf den Menschen.
Um Irrtümer zu vermeiden, ist bei allen Untersuchungen die Pendelhöhe zu beurteilen. Der Pendel wird zuerst tief gehalten, langsam gehoben, bis er Bewegungsraum hat.
Diese Art der Beobachtung ergibt zuweilen schwer vergleichbare Ergebnisse, wenn jeder Gegenstand einen Wertunterschied hat. Hier wirkt Glahns Strahlensammler ausgleichend. Dieser sammelt die Strahlen in einen Brennpunkt, dessen Entfernung vom Gegenstand bekannt ist. Wird hier nun immer in gleicher Höhe gependelt, so ergeben die Unterschiede in der Bewegung genaue Merkmale für die Güte des untersuchten Stoffes.
Die Weite der Ausschläge deutet demnach auf geringere, die Beschränkung des Ausschlages auf hohe Güte hin. Ein Kranker, auch Geisteskranker, wird also am Rande des Strahlensammlers weitere Ausschläge haben als ein Geistesriese. Es braucht neben dieser Feststellung nur die Zahl der Ausschläge gezählt zu werden, um die vorhandene Kraft zu ermitteln.
Der Inhalt dieses Heftes dient zur Einführung und Vorbereitung. Auch die angegebenen Pendelschwingungen sind nur zu dem Zweck mitgeteilt, um die ersten Versuche machen zu können.
Die folgenden Hefte befassen sich jeweils mit einem Gebiet. Die Reihenfolge ist nach dem Grad der Schwierigkeit gewählt.
Es darf kein Heft überschlagen werden, das wird sich sonst unliebsam bemerkbar machen, wenn die schwierigeren Aufgaben zu bewältigen sind.

Die Polarisierung

Alle lebenden Wesen sind polarisiert, positiv oder negativ. Die rechte Seite des Mannes ist negativ, der Pendel geht in die Richtung des Uhrzeigers oder wie die Farbe Blau. Die linke Seite pendelt in entgegengesetzter Weise wie die Farbe Rot. Danach werden auch die Farben für die beiden Pole genannt. Die Frau pendelt umgekehrt! Da nun die entgegengesetzten Pole sich anziehen, so wird ein harmonisches Gefühl erzeugt, wenn der Mann in seine Rechte auch die rechte Hand der Frau nimmt. Unbehaglich dagegen ist es, wenn zwei Männer sich längere Zeit die rechten Hände halten. Unwillkürlich wird zum Ausgleich die linke Hand dazu gelegt.

Pendele die Finger einer Hand. Daumen und Zeigefinger sind anders polarisiert als der kleine Ohrfinger[29] und der Ringfinger. Der Mittelfinger schlägt keine Kreise, sondern eine gerade Linie.

Pendele einen Gegenstand einmal mit der rechten, das andere Mal mit der linken Hand (also mit Zeigefinger und Daumen) ab, die Pendelkurven erhalten eine entgegengesetzte Richtung. Wird aber der Pendel an Ohrfinger und Ringfinger befestigt, so pendeln diese Finger der linken Hand wie Daumen und Zeigefinger der rechten, und umgekehrt.

Außerdem gibt es Menschen, die verkehrt polarisiert sind, bei diesen nehmen die Kurven auch jeweilig eine verkehrte Richtung ein.

Nehmen wir einen Finger, so sind die beiden Seiten auch wiederum verschieden polarisiert.

Das muss bekannt sein, sonst kommen Fehlschlüsse zustande, z. B. wenn die Rechts- oder Linksdrehung zur Charakterbeurteilung benutzt werden soll, womit die Drehung aber gar nichts zu tun hat!

In dem Werk von Bähr sind mehrere Tafeln vorhanden, in denen diese Polaritäten genau verzeichnet sind. Verkleinerte Abdrucke geben einen guten Begriff davon. Detaillierte Tafeln, in rot und blau gedruckt, befinden sich in dem Buch „Deutsche Heil-Odung statt schwedischer Heil-Massage“ von Peter Johannes Thiel, Leipzig 1920, Krüger & Co. Da diese Schrift sich auf die Odlehre von Reichenbach stützt und damit die Augendiagnose[30] in Verbindung bringt, so ist

---

[29] Der „kleine Finger“. (rs)

[30] Die Augendiagnose ist in vielen Jahren durch Empirie und systemische Forschung zu einem äußerst wertvollen und unverzichtbaren „Hinweis-Diagnostikum“ für den Heilkundigen geworden. Schon Hildegard von Bingen bezeichnete die Augen als „Spiegel der Seele“ in denen man unsere Gefühle und Seelenwelt ablesen kann. Es ist der hervorragendste Spiegel um Einblick in die verborgene Erbmasse der Konstitution zu gewähren. Ebenfalls erhält man als einzigste Stelle am Körper einen Einblick von Außen in das Bindegewebe. Hier gibt es eine „Strukturanalyse“ am lebendigen Bindegewebe vorzunehmen und zur Diagnostik und Prognose heranzuziehen. Ganz besonders dient sie zur Früherkennung von Krankheiten, sei es erblich-genetisch oder spätere pathologische Dispositi-

sie nützlich zu lesen. Denn es wird damit eine weitere Harmonie bekannt, für die nun auch die Pendelforschung Beweise erbringt.
Der Pendel bestätigt die Odlehre und die Wirksamkeit der magnetischen Heilbehandlung, beweist Kräfte, deren Existenz leidenschaftlich mehr als 100 Jahre bestritten worden ist. Das hat auch Dr. Weiß festgestellt.
Man sollte nun annehmen, alle Pendlerinnen müssten immer verkehrte Kurven haben, das ist aber durchaus nicht der Fall. Wenn nicht beabsichtigt ist, die verkehrte Polarität besonders zur Darstellung zu bringen, so sind die Ausstrahlungen der Gegenstände viel stärker und die Polarität kommt gar nicht zur Geltung. Hier zeigt sich wieder die Herrschaft über den Pendel. Eine geübte Pendlerin erhält dieselben Linien wie ein Pendler! Nur solche Wesen, denen der gesammelte Wille fehlt, schwanken in ihren Antrieben, lassen sich gehen und der führerlose Pendel belustigt sich mit Purzelbaumschlagen, d. h. er bringt unverständige Linien hervor.
Bei mir macht es nichts aus, ob ich beim Pendeln die linke Hand offen halte oder schließe, der Pendel wird davon nicht berührt. Dr. Weiß macht hier Unterschiede, die vielleicht bei schwächeren Pendlern angebracht sein mögen. Das kann ja jeder ausprobieren, ob die Kurven schwächer werden, wenn beim Aufhängen des Pendels an den Zeigefinger die Hand geöffnet oder geballt ist, ebenso wenn der Pendel zwischen Zeigefinger und Daumen gehalten wird.
Wenn aber Personen mit verkrüppelter Hand etwa gezwungenermaßen den Pendel mit den hinteren Fingern halten, so müssen die Kurven erst daraufhin untersucht werden, ob sie richtig oder verkehrt gerichtet sind.
Armlose können den Pendel an die Prothese hängen, das macht weiter keinen Unterschied.
Dr. Weiß hat mehrfach beobachtet, dass Juden verkehrt pendeln; ich habe diese Beobachtung nicht machen können.

Die Unterlage

Halte vor dem Beginn der Untersuchungen den Pendel über die Unterlage, etwa die Tischplatte, eine sonstige Tischbedeckung usw. und prüfe, ob der Pendel von dort her Impulse bekommt. Das soll nicht sein, deshalb ist ein Holztisch ohne Metallbeschläge empfohlen worden und ferner Unterlagen von neutralem Papier. Gesetzt nun den Fall, der Pendel erhalte Impulse, dann führe einige reinigende magnetische Striche aus, dann wird der Pendel unbeweglich ruhig sein.

---

on. Dadurch kann man schon zu einem sehr frühen Zeitpunkt Präventiv-Maßnahmen ergreifen, wo vielleicht noch keine weiteren Hinweise wie Untersuchungen, Befunde und Symptome oder Beschwerden auf eine Erkrankung in dem jeweiligen Organbereich aufzeigen. Zitiert nach: http://www.praxis-bauschert.de/Therapien/t300. (rs)

Aber der Tisch ist doch aus gewachsenem Holz gemacht, jede natürliche Materie emaniert, da muss doch das Holz auch Impulse geben? Fasse den Gedanken und sofort wird der Pendel die der Holzart eigentümlichen Ausschläge machen! Lege Baumwolle, dann Seide (selbstverständlich frisch gereinigt, ohne persönliche Duftstoffe vom Tragen herrührend) unter das Objekt und jedes Mal bilden sich neue Linien. Baumwolle dreht z. B. von rechts nach links. Jetzt übernimm du die Leitung: Das Holz des Tisches als Unterlage der Baumwolle soll den Pendel nicht beeinflussen: Es bilden sich lediglich die Kreise der Baumwolle. „Jetzt soll das Holz allein pendeln", es entstehen die eigentümlichen Holzausschläge.

Nun richte den Versuch folgendermaßen ein: Auf den Holztisch lege eine baumwollene Decke und darüber einen Brief oder eine Fotografie oder einen sonstigen abzupendelnden Gegenstand. Du richtest deine Gedanken auf das Untersuchungsstück, überzeugt, dass die Unterlage (Tisch und Decke) keinen Einfluss hat und der Pendel wird nur die Ausstrahlungen des Objektes wiedergeben. Dann der folgende Versuch: Du bist überzeugt, dass die Unterlagen einen Einfluss auf die Pendellinien des Objekts ausüben und es wird geschehen.

Machen wir jetzt einen Versuch mit künstlichen Stoffen, die selbst keine Ausstrahlungen haben: einen Teller von Porzellan oder Steingut und einen von Glas. Das Objekt wird unter einen Teller gelegt, du sagst dir: Das Objekt ist isoliert, der Pendel bleibt stehen! Jetzt änderst du deine Einstellung: Die Ausstrahlungen des Objektes dringen durch den Teller und sofort wird der Pendel das Objekt auspendeln, als wenn kein isolierender Teller darüber läge.

Geh' ins Freie mit einem großen Pendel und halte ihn über Pflanzen, so werden die Pflanzen die Pendellinien bestimmen. Aber jetzt willst du dich gar nicht um Pflanzen kümmern, sondern willst wissen, ob im Untergrund eine Wasserader, eine Erzstufe, Petroleum oder Kohle enthalten ist. Der Pendel bleibt solange stehen, bis er über einem der gefragten Vorkommen ist, dann gibt er die Ausschläge des Vorkommens an!

Wer die Gehorsamkeit des Pendels nicht kennt, kann auch nicht die Herrschaft über das Instrument ausüben. Wie nur ein vollendeter Künstler das Klavier beherrscht und Konzerte geben kann, so sollten auch nur diejenigen über ihre „Forschungen" berichten, welche den Pendel zu beherrschen vermögen. Sonst bekommen wir zu der Studie über den Einfluss der Baumwolle als Unterlage noch einen Bücherschrank voll Entdeckungen über den Einfluss aller anderen möglichen Unterlagen auf die Pendelausschläge, alle mit dem Anspruch auf objektive Wissenschaft. Und alle gleich bedeutungslos.

Ohne dies Beherrschungsvermögen wäre die Ausbildung der Charakterprüfung undenkbar. Der angehende Pendelmeister kann sich ja jederzeit von der Willigkeit des Pendels überzeugen, er braucht nur bei vollem Bewusstsein zu dirigieren und der Pendel wird sofort folgen; jetzt das Triebleben, dann etwa die geistige Veranlagung, oder die Beschaffenheit der linken Lungenspitze schildern.

Wer jenen Zustand als „rein objektiv“ bezeichnet, wo volle Willkür herrscht, der ist sicher kein Staatsmann.
An diesem Punkte scheiden sich die Geister, wer es nicht fassen kann, der lasse den Pendel ruhen. Es mangelt an der Erkenntnis!
Wer von uns ist ohne jede vorgefasste Meinung? Aus dieser heraus denken und handeln wir! Glaube ich ohne jede leiseste Anzweiflung, dass Gott Vater die Mutter Maria materiell befruchtet hat ohne Verletzung der Jungfräulichkeit, so werde ich alle Folgerungen in allem Geschehen bestätigt finden. Glaube ich, dass die Erde sich um die Sonne dreht, findet kein anderer Gedanke Platz, so sehe ich nur Bestätigungen. Umgekehrt: ich kann nur erkennen, dass die Sonne sich um die Erde dreht. So finden wir bei genauer Durchforschung unserer eigenen Mentalität vorgefasste Meinungen ohne Zahl! Wenn ein Forscher rein objektiv sein will, so ist dieser Wille bereits die Folge einer vorgefassten Meinung, er *glaubt*, nur auf diese eine Weise einwandfreie Ergebnisse erzielen zu können. Dabei kann er auf falschen Wegen wandeln, ohne eine Ahnung davon zu haben.
Zu welchen Ergebnissen diese „rein objektiven“ Forscher kommen, lehrt die jährlich mehr anwachsende Pendelliteratur, wobei jedes Buch die letzte Aufklärung zu geben verspricht. Darin finden sich Liniendeutungen, die in der Verwirrung sich nur mit der Literatur über Handlinien messen können, wo der eine Meister eine Linie als Erkaltung der Liebe und Beginn eines neuen Verhältnisses deutet. Es hätte doch auffallen müssen, dass jeder Forscher andere Ergebnisse findet! Da nehme ich eine grundsätzlich andere Stellung ein und empfehle diese auch meinen Lesern: *Ich habe mit Bewusstsein eine vorgefasste Meinung,* diese erfüllt meinen ganzen Geist, aus ihr heraus beherrsche ich den Pendel. Diese Meinung teile ich mit, wer sie annimmt, bekommt dieselben Ergebnisse. Und diese Ergebnisse stimmen so vielfach mit der Wahrheit überein, dass sie zur Regelbildung taugen.
In der ersten Auflage habe ich den Weg zur Forschung gezeigt, ohne meine Grundmeinung mitzuteilen. Ich wollte sehen, was meine Leser heraus bekommen würden. Ich habe zahlreiche Proben erhalten, die gleiche Ergebnisse aufweisen. Dann habe ich mehreren Schülern mein Grundschema mitgeteilt. Sie erkannten dasselbe im Gebrauch als richtig bestätigt wie ich. Also die Praxis empfiehlt meine vorgefasste Meinung. Dabei bestreite ich keineswegs die Möglichkeit, dass ein anderer Forscher, um etwas Neues zu bringen, etwa meine Einteilung umkrempelt und die Umkrempelung für besser findet. Oder eine ganz neue Methode konstruiert. Warum sollen die Systeme der Pendeldeutung nicht miteinander um die Anerkennung ringen, wie etwa die Tausenden Kirchen- und Sektensysteme, wie die „Richtungen“ in der Astrologie oder Chiromantie[31]? Oder in Politik, Wissenschaft, Technik?

[31] Chiromantie (griech.) ist eine Wahrsagetechnik, um Charakter und Zukunft eines Menschen aus dessen Handlinien zu lesen. (rs)

Wie letzten Endes der Glaube, den echten Ring zu besitzen, allein selig macht, so wird es auch hier sein und darum wird die Pendelliteratur weiter gedeihen und blühen. Ob man da nicht schließlich mit Goethe sagen wird:

Herr, lass Dir gefallen,
Dieses kleine Haus,
Größere kann man bauen,
Mehr kommt nicht heraus!?

Eins ist jedenfalls sicher: In der bisherigen Literatur ist keine vollständige Auflösung eines Pendeldiagramms geschildert: die Erkenntnis von Feldern der einzelnen Einflüsse ist nirgends gelehrt. Daher bietet dieses Buch erstmalig ein abgeschlossenes Deutungssystem, welches auf keine Frage die Antwort schuldig bleibt.

Ein grundlegender Versuch

Ich habe es unterlassen, auf die völlig ungeklärte Frage der verursachenden Kraft der Pendelstrahlen einzugehen, da diese nur wissenschaftlich erfahrene Pendler untersuchen können. Diese möchte ich lediglich ausbilden helfen, die ersten Pfade ebnend. Theoretische Abhandlungen würden das Betreten des Pfades zwecklos erschweren. Erst Erfahrung, dann Theorie!
Über folgende Erfahrung dürfte aber kein Zweifel bestehen: Die Antriebskraft für den Pendel liefert der Pendler selbst. Nervenschwachen Leuten ist daher eine eifrige Pendeltätigkeit gesundheitsschädigend. Wie der Dampf die Dampfmaschine antreibt, so das Nervenfluid (ich bitte diesen Ausdruck im *Allgemeinen* gelten zu lassen) den Pendel. Aber ebenso wenig wie der Dampf die Art der Kraftäußerung der Maschine bestimmt, ebenso wenig das Nervenfluid die Bewegung des Pendels. Es müssen erst andere, durch den Willen hervorgerufene Kräfte in Tätigkeit gesetzt werden, wenn auch die Pendelbewegung beeinflusst werden soll.
Der Mensch hat ein doppeltes Bewusstsein, jedem entspringen Willensimpulse: das Wachbewusstsein und das Unterbewusstsein. Das Unterbewusstsein arbeitet am Tage auf den Menschen ein. Sehr anschaulich schildert das Gustav Meyrinck im „Grünen Gesicht“ in dem geheimnisvollen Dokument, auch Dr. Weiß bringt Proben davon. Angeblich wache Menschen „schlafen“ mit offenen Augen, ja, die meisten Menschen, die bei mechanischen Arbeiten „dösen“, haben das Wachbewusstsein abgestellt und leben im Unterbewusstsein, wobei die Arbeit fix von der Hand geht. Wem ist es nicht passiert, dass er gehend eingeschlafen ist und plötzlich aufwacht und forscht, wo er eigentlich ist. Schon als Knabe habe ich das systematisch betrieben, wenn ich seitens des Pastors beauftragt wurde, weite Botengänge zum Abt von Loccum zu machen. Der Weg, der durch die belebten Straßen Hannovers führt, war mir wohlbekannt, ich zog es vor zu

dösen und so stand ich dann plötzlich vor dem Loccumer Hof, *ohne ermüdet zu sein.* Denn das fortlaufend umherspähende Auge, die Beobachtung und Bedenkung aller wechselnden Vorgänge ermüdet mehr als die Gehbewegung. Dabei habe ich keinen Menschen angestoßen, bin unter kein Fuhrwerk geraten, dafür sorgte das Unterbewusstsein. Später bei ausgedehnten Fußwanderungen und Radfahrten habe ich dasselbe Mittel angewendet, um über langweilige Strecken hinwegzukommen.[32] Die Absperrung einzelner Sinnesorgane ist bei intensiver geistiger Arbeit durchaus notwendig und jedem Gelehrten wohlbekannt.

Ich hoffe, jetzt wird mein Leser den Unterschied zwischen Wachbewusstsein und Unterbewusstsein verstanden haben; er wird nun auch zustimmen, wenn ich weiter behaupte: Viele Menschen sind nur in wenigen aufregenden Augenblicken ihres Lebens ganz wach, wo sie mit offenen Augen alles sehen, wie es wirklich ist, sonst sind sie wenigstens im Halbschlaf.

Wer als Forscher pendelt, muss ganz wach sein! Wer ganz oder teilweise schläft, erhält keine objektiven Ergebnisse! Also ich bitte, sich vor dem Pendeln einen ganz gehörigen Ruck zu geben, bis man ganz wach ist. Wer nach Selbsterkenntnis strebt, beobachte, wie lange er das Wachsein aushält, er wird mit Erstaunen die Anstrengung erfahren, die nur eine Stunde Wachsein erfordert. Große Geister sind solche, die den ganzen Tag über wirklich nicht schlafen.

Auch über folgende Erfahrung besteht keine Gegnerschaft: Das Unterbewusstsein ist viel empfindlicher und leichter zu beeindrucken als das Wachbewusstsein. *Sensitiv* werden Personen genannt, bei denen dieses Empfindungsvermögen besonders stark ausgeprägt ist. Dieses erstreckt sich auch auf die Wirkweite der Sinnesorgane. Sensitive sehen, hören, fühlen, schmecken Dinge, welche die Sinnesorgane Nichtsensitiver nicht wahrnehmen. Darüber regt sich kein Mensch auf, wenn Herr Falkenblick einige Kilometer weiter sehen kann als Herr Kurzblick. Ebenso wenig aufregend ist es, wenn ein Sensitiver die Ausstrahlungen von Kristallen, Magneten und anderen organischen Stoffen sieht, wo doch ein Nichtsensitiver das Leuchten faulender Fische oder faulenden Holzes, oder die Ausdünstungen frischer Gräber (vor welchen „Gespenstern" sich Unerfahrene fürchten) sehen kann. Auf das Unterbewusstsein wirken die Ausstrahlungen aller Stoffe ein, psychisch wie physisch. Auch das ist jedermann auf dem Erfahrungsweg zugänglich: selbst im Schlaf wendet man sich von unsympathischen Personen oder Dingen ab. Wird doch auch im Wachbewusstsein die Berührung einer unangenehmen Person als Schmerz, Belästigung empfunden. Im Wachbewusstsein mag man gewisse Dinge nicht in der Hand halten und wirft sie angeekelt weg. Es sind die Ausstrahlungen dieser Objekte des Abscheues, die auf das Unterbewusstsein einwirken, also Dinge, die der Pendel durch entsprechende

---

32 Dasselbe passiert heute Autofahrern häufig: Sie schalten ab! Man kommt ohne Unfall ans Ziel und kann sich an die genaue Fahrtstrecke nicht mehr erinnern! (rs)

Bewegungen aufdeckt, auch da, wo wir dessen noch nicht klar bewusst geworden sind.
Daraus entstand die Theorie: Nicht die abzupendelnden Objekte bestimmen die Bewegungen des Pendels, sondern Willensimpulse des beeindruckten Unterbewusstseins.
Also: Haben die Naturobjekte eine eigene Ausstrahlung oder nicht?
Diese Fragestellung ist deshalb richtig, weil ja gar nicht die Ausstrahlungen Ursache von psychischer Beeindruckung des Unterbewusstseins zu sein brauchen, es kann eine Farbe sein, eine Krankheit, der unsympathische Augenausdruck, eine Haltung, eine Form und vieles andere kann dahin wirken.
Wir wählen einen echten und einen künstlichen Edelstein, z. B. einen Rubin, oft in künstlicher Form bevorzugt und getragen, weil die „synthetischen" Steine feurig und schmückend sind.[33] Die synthetischen (künstlichen) Edelsteine haben genau dieselbe chemische Zusammensetzung wie die echten, die Rohstoffe werden elektrisch geschmolzen und vereinigt.
Halte den Pendel über den Stein, bei objektiver Einstellung bleibt er dauernd stehen. Halte ihn über einen echten Stein, der Pendel setzt sich sofort in Bewegung! Wenn du kein Kenner bist, dann lasse dir die Steine unterlegen (oder als Kenner unter Papier verdeckt) und frage dich selbst: Wirkt der eine Stein anders auf mich ein als der andere? Vielleicht reizt dich die Schönheit des künstlichen Steines sogar mehr als die vom echten Rubin, dennoch bleibt der Pendel stehen!
Sensitive sehen beim echten Stein die Ausstrahlung, der künstliche hat keine, daher ist nichts zu sehen, nichts zu fühlen. Hier also wird das Unterbewusstsein keinen Impuls geben; wenn dennoch der Pendel entweder ausschlägt oder stehen bleibt, so müssen es doch die Ausstrahlungen der Objekte sein, welche die Pendelbahn beeinflussen. Bei Briefen kann die Schrift auf das Unterbewusstsein einwirken, aber wenn eine dir sympathische und eine andere dir verhasste Person lediglich je einen nichtssagenden geraden Strich auf je ein Blatt Papier schreibt, so kann dein Sinn hiervon nicht berührt werden, der Pendel aber unterscheidet mit schärfster Deutlichkeit.
Daher sage ich: Die Objekte emanieren, von deren Ausstrahlungen wird der Pendel gelenkt.

---

33 *Literatur über Edelsteine: M. Lorenz, Die okkulte Bedeutung der Edelsteine, M. Altmann, Leipzig. – Dr. Günther Bugge, Edelsteine. – Th. Thomas, Verlag Leipzig. – Ferd. Scheminzky, Die Emanation der Mineralien, Jos. C. Hubers Verlag, Diessen vor München. – Die Seele der Edelsteine, von Holstein und Dr. Koch, Richard Hummel-Verlag, Leipzig 1934, als wertvollstes Buch.*

Strahlenkräfte im Menschen

Fernwirkung des Blutes[34]

Die noch unerforschten, geheimnisvollen Kräfte im Menschenkörper standen seit jeher im Mittelpunkt des allgemeinen Interesses. Hier wäre es möglich, dass die Wissenschaft durch methodisches, zielbewusstes Arbeiten noch Tatsachen entdecken wird, die heute kaum geahnt werden.

In diesem Artikel soll aber nicht an die elektrischen Kräfte des Menschenorganismus gedacht werden, sondern eines ganz anderen, heute noch fast gänzlich unerforschten Fluidums, das dem Menschenkörper innewohnt und ihm ständig entströmt.[35]

Es gibt einen Apparat, der tatsächlich in unbestreitbarer Weise die Feststellung einer Fernkraft ermöglicht, die dem menschlichen Körper eigen ist. Diese Fernkraft, und das ist das Erstaunliche und Merkwürdigste daran, ist nicht von elektrischer Natur. Der Erfinder dieses Apparates war der französische Abbé Fortin[36], der einen Großteil seines Lebens der Erforschung des menschlichen Fluids widmete und schließlich einen sogenannten Magnetometer konstruierte. Dieser Magnetometer wurde dann durch einen Zufall vom Zürcher Gelehrten K. Müller entdeckt und wesentlich vervollkommnet.

In seiner heutigen Form ist er in der Lage, nach allen Regeln der exakten Forschung den Nachweis zu führen, dass jeder menschliche Organismus eine unsichtbare Kraft ausstrahlt, die im Blut ihren Sitz haben dürfte und die man mit dem Magnetometer nach ihrer Intensität sehr genau messen kann.

Wie jede wahrhaft große Erfindung zeichnet sich auch der Magnetometer durch seine Einfachheit aus. Die Seele dieses Instruments ist eine Drahtspule, über der eine Kreisscheibe mit Gradeinteilung montiert ist. Über dieser Kreisscheibe ist beweglich eine außerordentlich leichte Kupfernadel an einem Seidenfaden aufgehängt. Um das Instrument von äußeren störenden Einflüssen abzuschließen, ist der Apparat unter einer Glasglocke eingeschlossen. Aus der Glocke selbst ist die Luft ausgepumpt. Es ist zugleich dafür gesorgt worden, dass der Apparat erschütterungsfrei aufgestellt wird.

Tritt nun eine Person ins Zimmer, wo der Fortinsche Apparat aufgestellt ist, so wird die Nadel alsbald unruhig, zeigt Ausschläge, die je nach dem körperlichen Zustand des Betreffenden stärker oder schwächer sein können. So verursachen zum Beispiel starke Raucher größere Ausschläge als solche, die nicht rauchen, ferner Menschen in alkoholisiertem Zustand strömen kräftigere Strahlungen aus als solche, die nüchtern sind, und andere mehr.

---

34 *Veröffentlicht in Nr. 8 vom 9. 3. 1933 in „Nation". Mitgeteilt als Beweis für die von uns bearbeiteten Forschungen.*

35 Für die Polarität beachten Sie bitte auch die Cover-Abbildung. (D. V.)

36 Abbé Fortin lebte um 1820–1890 in Paris. (rs)

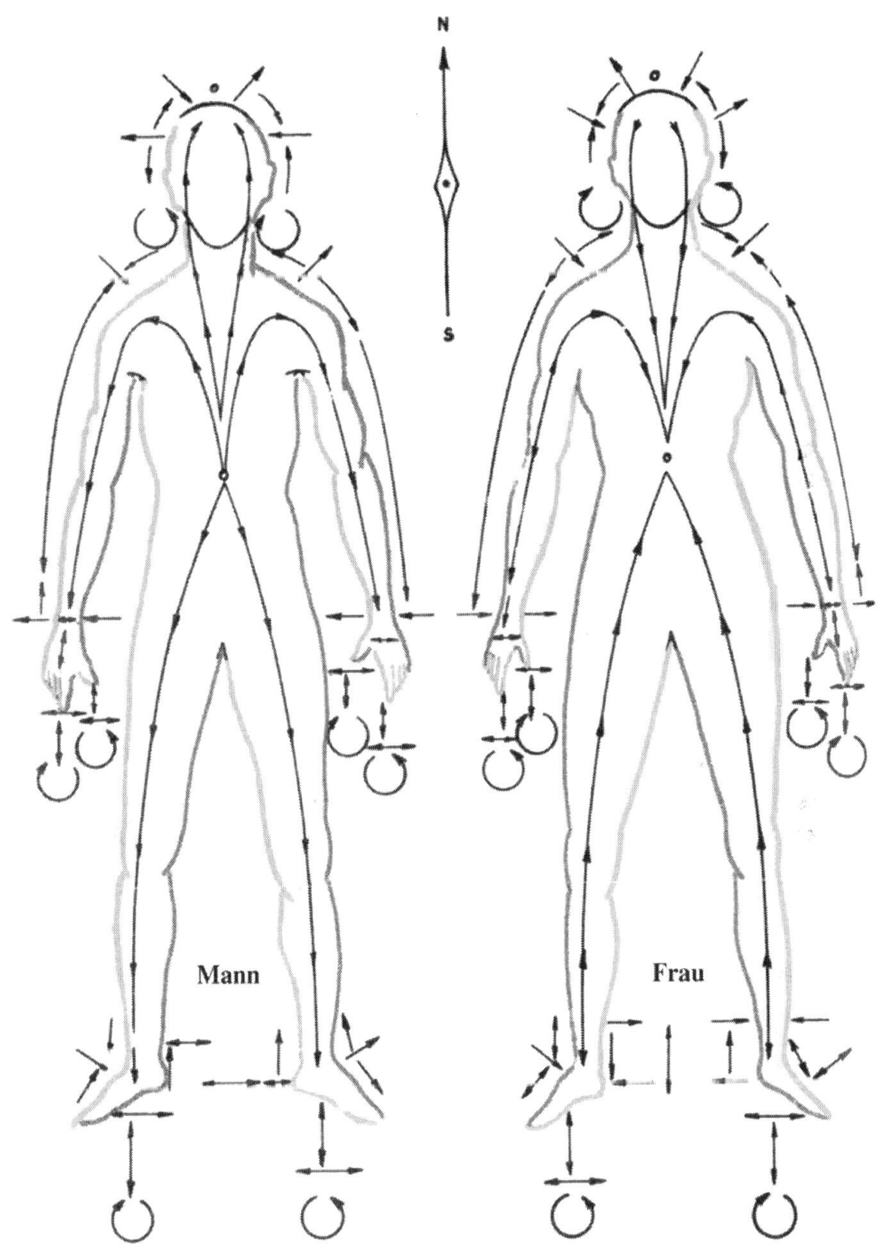
N
S
Mann
Frau

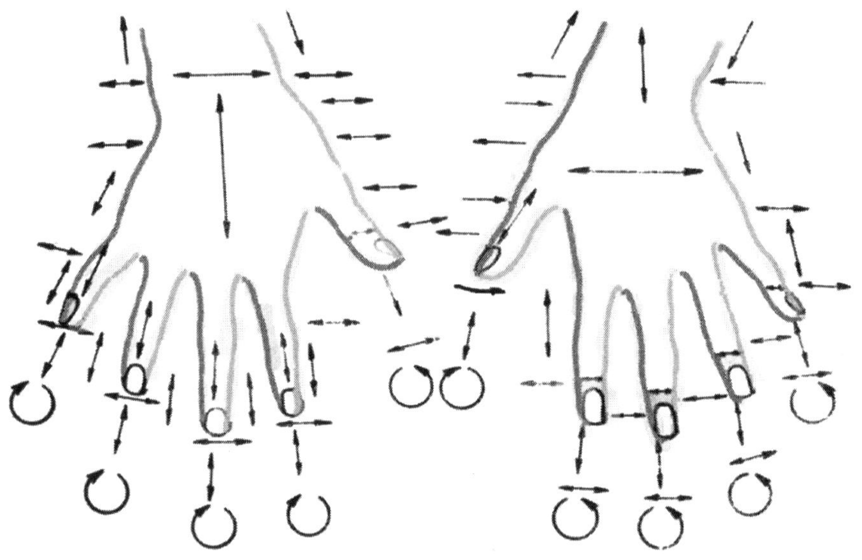

männliche Hände (oben) und
weibliche Hände (unten)

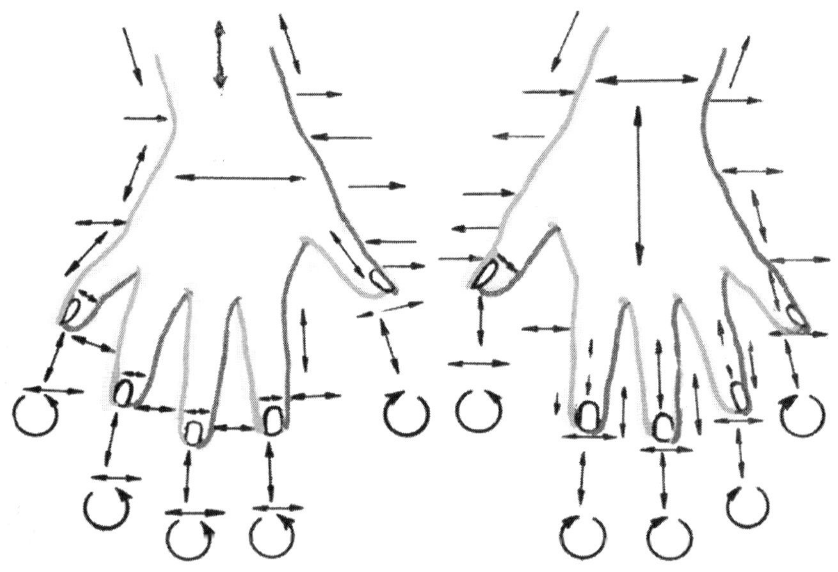

Um auch geringe Ausschläge sichtbar zu machen, ist auf der Nadel ein kleines Spiegelchen montiert, auf dessen Fläche aus einer Ampel ein dünngezogener Lichtstrahl fällt. Bewegt sich die Nadel, so verdreht sich auch das Spiegelchen, der Strahl beschreibt eine je nach der Größe des Ausschlages variierende Linie, die Spuren auf einer fotografischen Platte zurücklässt. So registriert der Apparat automatisch die Ausschläge. Man könnte nun der Ansicht sein, dass vielleicht die Körperwärme diese Ausschläge verursacht. Müller hat die Gegenprobe gemacht, indem er einen Ofen einige Meter entfernt vor dem Instrument aufstellte. Die Nadel wies jedoch keine, wie auch immer geartete, Bewegung auf. Dass es auch nicht Elektrizität ist, die hier in Frage kommt, beweist ein zweiter Versuch: Eine Metallpuppe, ungefähr von der Größe eines Menschen, wurde im Zimmer aufgestellt und elektrisch geladen, ohne dass die Kupfernadel sich gerührt hätte. Dagegen genügte es vollkommen, als ein Kind ins Zimmer trat und seine Hand gegen den Apparat ausstreckte. In der gleichen Sekunde fand ein kräftiger Ausschlag statt. Was diese Fernkraft ist, deren Wirkung der Fortinsche Apparat in so wunderbarer Weise registriert, das weiß zur Stunde niemand. Es scheint aber irgendwie mit ein Lebensgeheimnis zu sein, denn Kadaver von Mensch und Tier haben keine Ausstrahlung gezeigt.
Vielleicht ist der Fortinsche Apparat berufen, der Forschung den Weg zu heute noch fantastisch klingenden Entdeckungen über Leben und Tod zu bescheren.

Die Auspendelung einer Person

Wenn der Pendel über eine Fotografie oder ein Schriftstück geführt wird, nachdem Gewissheit darüber besteht, dass erstens keine andere Person darauf schriftliche Bemerkungen gemacht hat und zweitens keine Ausstrahlungen fremder Personen daran haften, so erhält man eine Anzahl verschiedener Schwingungen. Werden diese einzeln gezählt und bezeichnet, so ist mit dem Pendeln solange fortzufahren, bis sich dieselbe Reihenfolge wiederholt. Die Zahlen der Pendelschwingungen stehen in einem bestimmten Verhältnis, das durch Brüche oder in Prozent[37] ausgedrückt werden kann. Handelt es sich um sehr ernsthafte Sachen, so empfiehlt es sich, die Versuche am folgenden Tag zu wiederholen, wobei die genau gleichen Pendelschwingungen und Verhältniszahlen gewonnen werden müssen.
Solange ein Pendler noch nicht versteht, Einzelstrahlungen auszupendeln, erhält er eine fortlaufende Kette von Einzelheiten. Diese betreffen den Charakter, die geistige und psychische Veranlagung und den Zustand des Körpers, in der Reihenfolge der Strahlenstärke. Die kräftigsten Einflüsse kommen zuerst zum Ausdruck. Das Kräftigste ist aber das Geschlecht.

---

[37] Im Original: „vom Hundert". (rs)

Es gibt Menschen, bei denen Geschlecht und Psyche verkehrt sind, also weibische Männer und männliche Frauen. Daher kann man nicht mit voller Sicherheit sagen: Ich zähle viel mehr Kreise als Ellipsen, also ist es ein Mann; oder umgekehrt bei Ellipsen eine Frau. Sprechen wir lieber von männlicher oder weiblicher Veranlagung. Mir wurde einmal verdeckt ein Bild untergelegt, welches ausschließlich Ellipsen pendelte, es war aber eine männliche Person mit völlig weiblichem Wesen. Dasselbe ist mir annähernd auch mit Frauenbildnissen so gegangen, welche fast nur Kreise pendelten. Der Pendel reagiert sofort auf die abnormale Veranlagung.

Ferner trifft man Menschen mit verkehrter Polarität. Pendle die beiden Daumen ab. Normalerweise schlagen die Pendelkreise nach der Körpermitte zu. Die Kreise des linken Daumens haben demnach die Richtung des Uhrzeigers, entgegengesetzt sind die Kreise des rechten Daumens. Ist das umgekehrte Verhältnis da, so liegt eine verkehrte Polarität vor. Diese Menschen wirken auf den körperlich verbundenen Ehegatten höchst nachteilig ein. Diese sterben in der Regel innerhalb von fünf Jahren nach Eingang der Ehe, oft schon nach einem halben Jahr, oder sie trennen sich. Nur wenn beide Gatten verkehrt polarisiert sind, können sie sich ertragen, doch sollen dann vielfach alle Kinder sterben. Soweit ich Gelegenheit hatte, die Untersuchung vorzunehmen, habe ich verkehrte Polarität überall da gefunden, wo Mars im I. und VII. Hause des Horoskops steht. In diesem Fall drehen die normalen Schwingungen links. Steht Mars im IV. oder X. Haus, pendeln linksdrehende Ellipsen bei *beiden* Geschlechtern. Sind zwei Personen ehelich verbunden, von denen eine falsch polarisiert ist, wird die Psyche der anderen so verletzt, dass Tod eintritt, wenn keine Scheidung möglich ist. Männer und Frauen, die 4–5mal sich verheiraten können, dürften wohl in der Regel diese verkehrte Polarität haben.

Da ein Pendler nun eine ganze Reihe der verschiedenartigsten Pendelschwingungen bekommt, so mag ihm die Deutung schwer fallen. Wird der Pendel über die Brust gehalten, so geben die Schwingungen ein allgemeines Bild von der Persönlichkeit, wie Kallenberg sich ausdrückt, die *Summe* der verschiedenen dem Objekt innewohnenden Eigenstrahlungen. Genauer ausgedrückt: die Resultate der letzteren. Daher muss gelernt werden, Einzelheiten zu pendeln. Er beginne mit einer Fotografie, welche eine gesunde Person vom Kopf bis zu den Füßen darstellt.

Erster Versuch: Der Pendel wird auf die Nasenwurzel, zwischen die Augen, gehalten, und der Pendler nimmt sich vor, allein die Pendelfigur des Kopfes mit den Nerven zu erhalten. Die Aufmerksamkeit ist völlig angespannt, man erwartet aber durchaus die Erscheinung oder Darstellung von etwas gänzlich Unbekanntem, worüber keinerlei Vermutung besteht, woran sich keinerlei Wünschen und Hoffen knüpft. Das ist also der Zustand der rein objektiven Spannung, der sich aber auf einen bestimmten Gegenstand bezieht.

Pendelfigur: ein Dreieck, mit der Spitze nach oben gerichtet. Diese Figur liefert auch das Herz.
Alle Organe, welche ein rein negatives Leben haben, geben einen Querstrich Ost-West, wie bei der Pflanze.
Die Vergeistigung bringt nach oben strebende Figuren. Pendelt die Stirn z. B. einen Querstrich, so ist das ein bedenkliches Zeichen für die Gesundheit der Nerven. Diese Linie erhielt ich bei der Fotografie eines Kindes von etwa 1½ Jahren; mit 45 Jahren kam die Frau ins Irrenhaus, die geistige Veranlagung war schwach. Je stärker die vitale, psychische oder geistige Kraft ist, umso stärker und schneller sind die entsprechenden Pendelbewegungen. Pendele zuerst das Bild eines gesunden männlichen Säuglings und dann das eines Greises, so wirst du den Unterschied merken. Zu gleicher Zeit können die Linien der geistigen Kapazität das umgekehrte Ergebnis liefern: beim Greis stark vergeistigt, beim Säugling ganz schwach. Lerne diese Unterschiede abschätzen, sie sind für alle Untersuchungen ungemein wichtig. Genauer arbeitest du, mein aufmerksamer Leser, wenn du die Pendelschwingungen in einer Minute zählst und die Weite nach Zentimetern misst!
Die Körpermitte pendelt senkrecht. Wer hier nicht achtgibt, bekommt falsche Einflüsse in das Pendelbild.
Herz und Kopf geben also die wesentlichsten Bestandteile zur *Charakter*pendelung ab.

Zweiter Versuch: Der Pendel wird auf die Brust gesetzt und nun gibt er die Beschaffenheit der Lunge an. Die unruhigen, zuckenden Bewegungen deuten auf Eigensinn und Zorn hin.
Hierbei wird der Pendel auch rechts und links unter die Schlüsselbeine geführt, um die Beschaffenheit der Lungenspitzen zu untersuchen. Alle von dem Zeichen Zwillinge[38] beeinflussten Personen sind zu Krankheiten und Entzündungen der Lungenspitzen und Bronchien geneigt. Pendelruhe zeigt krankhafte Stellen an. Hat der Pendel die Neigung, sich von der Stelle seitwärts, meistens schräg nach rechts oben, wegschleudern zu lassen, so sind die Krankheitserscheinungen erheblich. Dauernde Pendelruhe zeigt an, dass das Organ bereits aufgelöst oder verschwunden ist.
Es ist nützlich, hierbei die Fotografien oder Schriftstücke von Personen heranzuziehen, bei denen Erkrankungen früher bestanden haben oder jetzt bestehen, dann kann das Verhalten des Pendels genau verfolgt werden.

Dritter Versuch: Der Pendel wird über das Herz gehalten. Ein gesundes Herz gibt charakteristische Dreiecksfiguren, die bewegt sind. Ich habe in vielen Fällen gefunden, dass die Schnelligkeit der Pendelschläge mit den Herzschlägen über-

[38] Nach Meinung anderer Astrologen beeinflusst auch das Sternzeichen Fische ganz beachtlich die Lungenfunktionen. (rs)

eingestimmt hat. Die Kraft der Ausschläge über dem Herzen lässt ein Urteil über die Lebenskraft zu.
Ist die Pendelbewegung unregelmäßig und zuckend, so liegen Affektionen[39] des Herzens vor. Durch genaues Beobachten der Ausschläge kann z. B. ein Herzklappenfehler und die Seite des Herzens, welche besonders darunter leidet, ermittelt werden. Dauernde Pendelruhe, bis 10 Minuten ausgedehnt, zeigt den eingetretenen Tod an.

Vierter Versuch: Halte den Pendel über die Magengrube. Darunter liegt das Sonnengeflecht, welches auf das Nervensystem und die geistige Kraft einen bestimmenden Einfluss ausübt. Dieses pendelt wie die Sonne einen Kreis. Die Stärke und Lebhaftigkeit der Kreise sowie deren zirkelrunde Form lassen Rückschlüsse in dieser Richtung zu.

Fünfter Versuch: Führe den Pendel über den Bauch[40]. Gesunde Personen verursachen weite, liegende Ellipsen. Wird der Pendel der Person rechts unten auf die Leiste gehalten, so gibt er über den Blinddarm Auskunft. Stattgefundene Operationen verursachen ein zuckendes Wegschleudern des Pendels. Als Charakterpendelung deutet diese Linie auf das Vermögen, geistige Ideen aufzunehmen und ohne Selbstsuche zu vertreten.

Sechster Versuch: Der Pendel wird über den Unterleib gehalten. Hier herrscht rein vegetatives Leben vor, daher ein reiner Querstrich resultiert. Hat dieser Strich eine schräge Lage, so sind sehr oft perverse Neigungen vorhanden. Gehemmte Ausschläge deuten auf Leiden der Organe hin.

Siebenter Versuch: Pendele Beine und Arme ab. Es sollen gerade Linien in der Richtung der Glieder entstehen.

Achter Versuch: Pendele den Schatten der Person oder einzelner Glieder aus, auch den von Pflanzen und Tieren. Staune nicht: Du bekommst dasselbe Ergebnis wie von der Fotografie!
Nach diesen an vielen Fotos vorgenommenen Versuchen hat man einen recht guten Einblick gewonnen und viele wichtige Linien kennen gelernt. Hier handelt es sich darum, erst einmal die Pendellinien des Körpers an sich kennen zu lernen, auch die durch Krankheiten und Verletzungen herbeigeführten Abänderungen. Besonders lehrreich sind die Bilder von ehemaligen, im Kriege verletzten Soldaten. An diesen ist viel zu lernen. Besonders kann man nun auch dazu übergehen, den eingetretenen Tod festzustellen. Das ist besonders bei Bildern von Vermissten wichtig.

---

[39] Gemeint ist mit Affektion wahrscheinlich die heftige Erregung (also „Herzrasen“). (rs)
[40] Im Original: „Leib“. (rs)

Neunter Versuch: Eine Person legt sich hin, du pendelst sie in derselben Reihenfolge wie oben ab und vergleichst die Übereinstimmung der Figuren.

Zehnter Versuch: Nimm ein Schriftstück derselben Person und pendele dieselben acht Versuche auch hier durch. Die Vorstellung der einzelnen Körperteile ersetzt die Photographie oder den Körper selbst vollkommen.

Elfter Versuch: Nimm ein reines Blatt Schreibpapier, denke 2 Minuten lang intensiv an dieselbe Person und verfahre mit dem Blatt wie mit dem Schriftstück. Ist die gedankliche Vorstellung richtig gewesen, so kommen wiederum dieselben Ergebnisse heraus.
Nun staune!

Zwölfter Versuch: Die Person stellt oder setzt sich hin und du stehst davor, erst ziemlich dicht, dann immer weiter. Halte deine linke Hand auf die Person und die einzelnen Organe zu, die rechte hält das Pendel. Die Ergebnisse müssen mit den bisher erzielten übereinstimmen.

Dreizehnter Versuch: Suche eine erkrankte Stelle heraus und fühle auch diese Wirkung im Arm!

Vierzehnter Versuch: Versuche ohne Berührung der Person und ohne Pendel alles das in den Fingerspitzen zu fühlen, was der Pendel erzählt hat. Das ist nicht gleich zu erwarten, wohl aber im Laufe der Zeit. Daher muss dabei Geduld walten. Aber Krankheitsherde sind leicht zu empfinden, besonders aber, wenn die Fingerspitzen der linken Hand (hier sind die Nervenendungen meistens weniger durch die Arbeit versteckt worden) auf die Haut gestellt werden. Den kranken Organen entströmt ein kalter, widriger Strahl.

Das Pendelgestell

Nur wenige Menschen haben die Ruhe, den Pendel minutenlang ohne jede Bewegung zu halten, dann springen die Skeptiker auf und wagen die sehr kühne Behauptung, durch die kleine Bewegung sei die Pendelbewegung hervorgerufen. Jeder Pendler kennt die Unrichtigkeit dieses Einwurfes, aber er möchte diesem Vorwurf der Täuschung entgehen. Es gibt verschiedene Mittel. Z. B. kann der Pendel an einen Bindfaden gehängt werden, dieser wird mit beiden Händen waagerecht gehalten, oder zwei Personen halten je ein Ende des Bindfadens. Oder es wird ein Pendelgestell hergerichtet, welches dem Arm einen Stützpunkt bietet. Das hat auch schon Prof. Bähr in mehreren Ausführungen benutzt.
Man stößt auf die größte Schwierigkeit, das Gestell zu isolieren, die Strömung geht durch das Gestell und daher werden die Ausschläge kleiner. Wer über wenig Pendelkraft verfügt, erlebt den Stillstand. Als bestes Isolationsmittel habe ich umgekehrte Porzellanteller erkannt, auf diese stelle ich mein Stützgestell.

Dieses kann 3- oder 4-füßig sein, hoch oder niedrig, wenn es nur dem Arm Ruhe gibt.

Sehr wünschenswert ist das Gestell beim Auspendeln von Stoffen nach Graden, sonst sind die Beobachtungen nicht genau genug. Auch ermöglicht das Gestell die Einhaltung des gleichen Abstandes zwischen Pendelspitze und Objekt. Da die Kreise mit zunehmender Entfernung immer größer werden, ist auch dieser Punkt wichtig, wenn die Weite der Ausschläge beurteilt wird.

Auf dem Objekt muss immer ein Mittelpunkt fixiert werden, sonst ist es ja nur schwer möglich, die genaue Richtung der Ausschläge nach allen Richtungen der Rose hin und die erhaltenen Impulse zu erkennen. Das wird durch das Pendelgestell erleichtert.

Wer daher recht exakt forschen will, muss sich ein Gestell machen lassen. Glas isoliert nicht, daher kann das einfachere Holz gewählt werden. Die Ruhefläche für den Arm sei entsprechend der Armlänge. Die Hand arbeitet am besten, wenn sie sich nicht stützt, sondern frei beweglich ist. Dabei kann sehr wohl die erforderliche Genauigkeit in der Arbeit erreicht werden.

Das Pendelgestell wird nicht vertrieben, es muss sich jeder Pendler eins anfertigen oder anfertigen lassen.

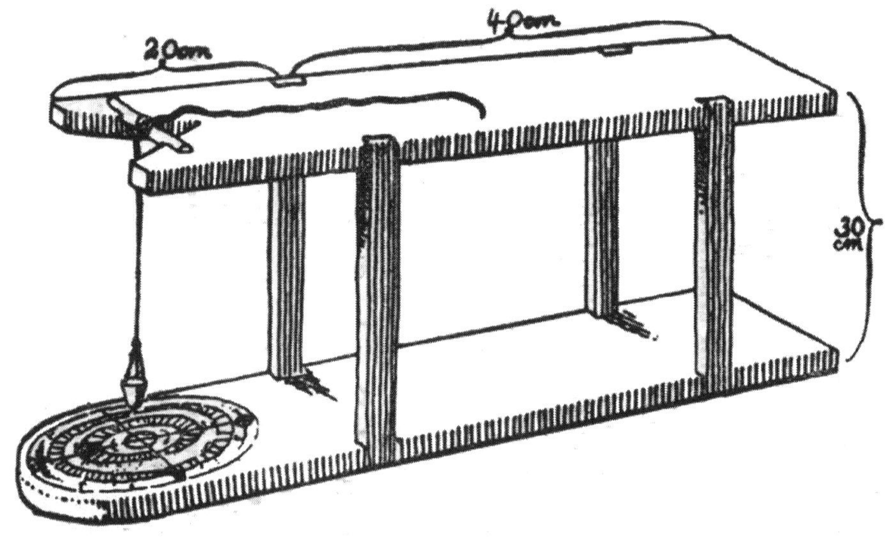

Abbildung meines Pendel-Gestells: In der Gabel befindet sich eine Rille, in die ein Holzstäbchen gelegt wird. Um diese kann die Pendelschnur geschlungen werden; deren Ende wird gehalten. Dies gibt aber nur kleine Ausschläge. Sonst wird die Hand frei über der Gabelöffnung gehalten. (Die Gradscheibe wird unten aufgeklebt.)

Form und Beschaffenheit des Pendels

Ich zweifle nicht daran, dass ich mit einem Ziegelstein, an einen Strick gebunden, auch pendeln kann, aber zweckmäßig ist eine solche Art von Pendel nicht. Auch ist es gewiss, dass ich ein Hundehalsband zum Pendeln benutzen kann, aber auch das wäre Unsinn, weil unzweckmäßig. Damit will ich aber nur sagen, dass so ziemlich jeder Gegenstand, der aufgehängt wird, als Pendel dienen kann. Zudem hat die Vorliebe ja schon zu Würfeln, Kugeln, Ringen Münzen gegriffen, ohne dass hierbei größere Zweckmäßigkeit gewaltet hätte.

Wenn der Maurer die Vertikale seiner aufzuführenden Mauer mit dem Lot – das ist ein Pendel – kontrolliert, so nimmt er im Notfall auch einen Mauerstein, aber ordentlicher ist, er hat sein Lot bei sich. Dieses Lot hat eine durch den langen Gebrauch erprobte Form, und diese ist auch für uns zweckmäßig. Jeder zweckmäßige Pendel hat nach unten eine Spitze, verstärkt sich nach oben, wo er aufgehängt wird. Eine zweckmäßigere Form habe ich noch nicht kennengelernt. Es hat also keinen Sinn, durch Erfindung bizarrer Formen sich hervorzutun.

Der Ehering ist auch nur eine Aushilfe, wie auch die Uhr als Ersatz dienen kann. Allerdings gibt es Verfeinerungen! Diese erstrecken sich auf Vergrößerung der Auffangfläche der Ausstrahlungen der Prüfungsgegenstände; auch die Erlangung einer besonders feinen Spitze für Untersuchung von kleinen Einzelheiten in einer größeren Menge, etwa einen Kopf in der Fotografie von einer Menschengruppe gehört dazu.

Beides vereinigt ein Pendel, der aus einem Messingröhrchen hergestellt wird. Dieses sei etwa 1–1½ cm lang, es wird oben mit einem Kork verschlossen. Genau durch die Mitte des Korkes wird eine lange Nadel gesteckt, die Oberfläche mit Siegellack befestigt. Das ist ein sehr feiner Pendel für kleine und strahlungsschwache Objekte.

Wichtig ist die Aufhängung. Auch dafür sind viele Vorschläge gemacht worden. Ein Frauen- oder Pferdehaar ist nicht übel, weil beide ganz glatt sind. Denn faserige Materialien lassen Strahlen in die umgebende Luft übergehen, sie leiten durch die Fasern ab. Bei groben Objekten ist das von untergeordneter Bedeutung, aber nicht für kleine und schwachstrahlige. Daher kommen Wollfäden nicht zur Anwendung. Feine Seidenfäden gehen an. Draht ist zu federnd, er verwischt die Pendelschwingungen, macht sie ungenau.

Die Verfeinerung der Beobachtung zwingt auch zur Anwendung feinster und empfindlichster Materialien. Wir verlangen vom Pendel, dass er sich jeder kleinsten Abweichung in der Strahlung anpasse. Im Beginn der Forschung war man zufrieden, wenn die Pendelführung große Unterschiede anzeigte, damit kommen wir heute nicht mehr aus. Die empfindlichste Aufhängung ist an einer feinen Kette, denn die Glieder sind für jede leichte Drehung zugänglich. Wenn ein ganz leichter Pendel gewählt werden muss, dann muss wenigstens ein Viertel der Pendellänge aus einer feinen Kette bestehen. Daran kann ein Haar bei kleinsten Pendeln geknüpft werden, bei schwereren von etwa 15 und mehr Gramm ein Seidenfaden oder noch besser ein hartgedrehter Faden, wie sie von den Fischern für die Angeln benutzt werden, oder auch schon eine feine Silberkette. Für schwere Pendel werden Messingkettchen genommen, die in allen passenden Stärken zu kaufen sind und wie sie für Uhrgewichte benutzt werden.

Das Material des Pendels

Die verschiedenen Materialien haben eine verschiedene Aufnahme und Leistungsfähigkeit. Da auch die Kraftabgabe der Pendler verschieden ist, so hat jeder das für ihn Geeignetste auszuwählen.[41]

- Am leichtesten spricht Bernstein an.
- Dann kommen Metalle, wobei zwischen Messing, Gold oder Silber kaum ein Unterschied besteht.
- Holz, Glas und Halbedelsteine sind auch geeignet.
- Zwischen Blei und Eisen bemerke ich wenig Unterschied.

Über Zusammensetzungen gibt die anschließende Pendelstudie weiterhin Auskunft: Das Gewicht des Pendels, mit dem man arbeiten will, hängt nicht nur von der Pendelkraft des Pendlers ab, sondern auch von der Größe der Objekte. Daher wird ein Forscher eine Anzahl Pendel vorrätig haben, von 2–3 Gramm an bis zu ½–1 Kilo. Ich habe schon mit Uhrgewichten gependelt.

Wer auf dem Gelände zu pendeln hat, benötigt schwere Pendel, die eine Aufhängung von 1 Meter Länge vertragen. Hier ist der Pendel mit umschraubbarer Spitze und 85 Gramm Gewicht die unterste Stufe, er erlaubt ½ Meter Aufhängung. Dasselbe Modell ist lieferbar mit 150, 250 und 425 Gramm Gewicht. Die Verbindung einer Stahlspitze mit einem Messingkörper ist sehr zweckdienlich und da die Spitze herausgeschraubt und in den Messingkörper hineingeschraubt werden kann, so ist er leicht in der Tasche zu tragen.

In vielen Fällen ist ein Kompass notwendig, damit die Himmelsrichtungen ausgemacht werden können. Bisher gab es den Einheitspendel. Er war ein leichter Pendel mit eingelassenem Kompass. Da der Kompass mitschwingt, sind seine Angaben gestört, nicht exakt genug. Deshalb habe ich einen Pendel konstruiert, bei dem der Kompass feststeht. An einem Silberkettchen ist der Pendel darunter befestigt. Das ergibt sehr genaue Ergebnisse. Dieser Pendel ist daher dem Einheitspendel unbedingt vorzuziehen.

Für viele Untersuchungen empfiehlt sich ein Glaspendel, der als Träger von verschiedenen Flüssigkeiten und harten Stoffen dient. Darüber gibt die Pendel-

---

[41] Heute ist eine große Auswahl an Pendeln in Fachgeschäften oder im Versandhandel erhältlich. (rs) Allerdings ist es oft viel schöner und auch wirkungsvoller, wenn man seinen *persönlichen Pendel* mithilfe von bevorzugten ‚eigenen Materialien' zusammenstellt. Im Prinzip kann man alles dafür ‚Zweckentfremden'. (D. V.)

studie nähere Auskunft. Die Anwendungen werden mit Verlauf der Serie im Einzelnen angegeben. Es sind mehrfach Untersuchungen angestellt, bei denen die Ausstrahlungen der Pendelmaterialien berücksichtigt worden sind. Da diese unter dem Eindruck von vorgefassten Meinungen vorgenommen worden sind, verstoßen sie geradezu gegen Grundgesetze der Pendelkunst. Falsche Methoden ergeben falsche Ergebnisse. Wir wollen stets gewiss sein, dass die Pendeldiagramme durchaus unabhängig vom Material des Pendels sind. Das weitere hierüber wird bei der Schulung behandelt.

Pendelprüfungen

Besorge dir einen kleinen Spritzapparat[42], wie er zur Füllung von Füllfederhaltern benutzt wird und für etwa 15 Pfg. in jedem Fachgeschäft zu kaufen ist. Es ist eine unten zugespitzte Glasröhre mit einer Gummiblase, mit der Flüssigkeiten aufgesaugt und ausgespritzt werden.

Ziehe die Gummiblase von der Glasröhre und mache aus jedem Gegenstand einen Pendel. Du kannst mit beiden Stücken pendeln. Jedoch sind die Ausschläge nicht sehr stark, sondern schläfrig. Das Pendeln geschieht über einen beliebigen Gegenstand. Es muss aber immer derselbe Gegenstand bleiben, solange die Pendelversuche währen.

Lege nun in Röhre und Blase einen echten Edelstein, eine Koralle, eine Bernsteinperle, das ausgezogene Zähnchen eines Kindes, sofort ändert sich das Bild, die Ausschläge werden sehr stark und schnell. Wir haben also Kraftquellen zugefügt. Nimm an, dass hierdurch eine schwache Pendelkraft verstärkt wird. Wer nur schwache Pendelausschläge erzielt, wählt die Glasröhre als Pendel und verstärkt sie mit einer Kraftquelle genannter Art. Dann werden die Pendelausschläge stark. Jetzt nehmen wir einen Similidiamanten[43] als Verstärker: Der Pendel rührt sich nicht mehr! Sollte das eine Prüfungsmethode für die Echtheit von Edelsteinen sein? Wir nehmen einen synthetischen Edelstein, in diesem Fall einen Rubin, der Pendel bleibt stehen! Hingegen zeigen sich alle vorhandenen Edelsteine als Energiequellen!

Jetzt nehme ich einen Perlmuttknopf: Der Pendel bleibt stehen. Auch Elfenbein wirkt in gleicher Richtung.

Künstliche Perlen verhindern die Wirkung des Pendels.

Lege nun in die Röhre einen Energiespender und darüber einen Bremser, etwa eine kunstliche Perle, so arbeitet der Pendel nicht!

---

[42] Da heute meist die Patronenfüller marktüblich sind, kann man für diesen Versuch die verschiedensten anderen Behälter ausprobieren: Glasröhrchen (z. B. von Vanilleschoten), Medikamentenfläschchen, Einwegspritzen, Luftballons usw. (rs)

[43] Ein Similidiamant ist lediglich die Glasimitation eines echten Diamanten. (rs)

Umgekehrt: wir legen den Bremser, also die künstliche Perle, nach unten und den Energiespender nach oben, sofort arbeitet der Pendel!
Eine Überlegung: Die Glasröhre ist oben und unten offen, da können die Pendelstrahlen entweichen. Verschließe die Röhre oben mit einem Stanniolpfropfen: Der Pendel ist gebremst! Nimm einen Papierpfropfen: Der Pendel ist gebremst!
Nun lege einen Energiespender in das Röhrchen und verschließe es mit einem beliebigen Pfropfen, auch Stanniol und Papier: Der Pendel arbeitet sofort lebhaft.
Fülle jetzt einen Bremser ein und verstopfe das Röhrchen oben: Der Pendel ist doppelt gebremst!
Mache alle diese Experimente mit der Gummiblase, du wirst entdecken: Gummi vermindert die Pendelkraft, die Ausschläge sind viel schwächer, die Neigung zum Stillstand ist verstärkt.
Glas ist für Pendelstrahlen sehr durchlässig, daher ein ausgezeichnetes Material für Hohlpendel, die zur Aufnahme von Materialien dienen sollen. Entscheidend für die Wirkung ist immer die oben liegende Füllung. Für Flüssigkeiten kann das Röhrchen unten zugeschmolzen werden.
Du wirst also einen zweiten, unten geschlossenen Pendel besorgen und die Versuche mit den verschiedensten Flüssigkeiten fortsetzen. Diese Versuche werden in der Folge zu wichtigen Untersuchungen benutzt, dazu benötigst du die angegebenen verschiedenen Pendel, zuerst aber muss die Fertigkeit in der Handhabung erworben werden.

Diese Pendelprüfungen sollen dich überzeugen, dass die Ergebnisse ganz unabhängig von dir und dem Glauben erzielt werden.
Mache jetzt aus den Bremsern selbst Pendel, dann übertrage die Pendelstrahlen, du kannst mit jedem Stoff pendeln, auch mit Isolierstoffen, wie wir das an unserer Gummiblase gesehen haben. Hingegen in Verbindung mit Glaspendel wirken sie bremsend. Seltsam, aber wahr!

Meine Normal-Tisch-Pendel – Gesetzlich geschützte Modelle

Kettenring-Kraft-Pendel mit Kompass

Als Ergebnis jahrelanger Versuche wird dieses Modell allgemein Beifall finden. An Stelle von Fäden hängt der Pendel an einer feinen Silberkette und hat oben einen Silberring, der über jeden Finger geschoben werden kann. Das hat folgende Vorteile. Der Kraftaufwand ist geringer, da Ableitungen in die Luft unterbleiben. Die Kette leitet ganz hervorragend gut und der Kraftstrom fließt ganz gleichmäßig. Infolgedessen sind die Pendelausschläge sehr ruhig, durchaus nicht nervös und zitterig. Die Ausschläge können ungehindert vor sich gehen und die größten Feinheiten anzeigen. Denn jedes Kettenglied ist in sich drehbar, während bei gedrehten Fäden ein innerer Widerstand zu überwinden ist.
Der Kompass hängt ebenfalls in Kettenringen, er liegt dem Auge näher, ist nicht durch die Ausschläge des Pendels wie bei dem bisherigen Kompassmodell in schwingender Bewegung, er dreht sich nur soweit, dass er in der Ebene des Pendels bleibt. Da die Kompasseinteilung mit der Gradeinteilung übereinstimmt, so lassen sich die Gradausschläge des Pendels ohne Gradscheibe annähernd genau ablesen. Das erhöht die Bereitschaft des Pendlers und vereinfacht das Verfahren. Das Halten eines Fadens zwischen Daumen und Zeigefinger vermindert den Kraftstrom, ermüdet die Muskeln, weshalb leicht mitten in der Untersuchung der Pendel fällt oder verrutscht. Der Ring wird einfach über den Mittelfinger geschoben, da sitzt er ohne Aufmerksamkeit oder Muskelanstrengung fest. Zugleich ergibt sich dabei eine bequeme Haltung der Hand, und da Zeige- und Goldfinger[44] sich von selbst seitwärts etwas höher halten, so findet auch eine Kraftverminderung statt. Der Arm wird fast senkrecht auf den Tisch gestellt und in dieser Lage findet überhaupt keine Ermüdung statt.
Wer mit vielen Pendelmodellen gearbeitet hat, bemerkt beim ersten Versuch die Vorteile des Kettenring-Kraft-Pendels.

Kettenring-Füll-Pendel ohne Kompass

Hier ist anstelle des Messingpendels ein Metallbecher mit Zeigerspitze unten angeordnet. In den Becher werden verschiedene Stoffe eingelegt. Etwa Medikamente, Flüssigkeiten usw., wie das in der Anleitung weiterhin angegeben ist. Die Einführung des Füllpendels bedeutet eine große Verbesserung auf dem Gebiet der Pendelforschung, er wird sich für jeden Pendler als notwendig erweisen. Der Metallbecher hängt wieder an Kette mit Ring. Diese Aufhängung wird binnen kurzer Zeit jede frühere Aufhängung verdrängen, da die Vorteile zu deutlich sind. Für die Edelstein-Prüfung ist dieser Pendel unersetzlich.

---

44 Damit ist der Ringfinger gemeint. (rs)

Pendel für die Arbeit im freien Gelände

Auch für diese ist die Kettenringaufhängung mit Kompass notwendig. Es werden folgende Modelle auf Lager gehalten:
Mit umschraubbarer Stahlspitze, Messing mit technisch vollkommener Schraubführung. Gewicht 185 Gramm.
Dasselbe Modell, Gewicht 300 Gramm.
Schwerere Modelle können angefertigt werden, sind aber in der Regel nicht vorteilhaft. Obige Modelle entsprechen allen Anforderungen. Dieses Modell ist von mir vor einigen Jahren eingeführt worden und hat sich restlos durchgesetzt. Es hat sich gezeigt, dass Stahl ein sehr empfindlicher Leiter für Pendelstrahlen ist.

Der Strahlenisolator und Sammler

Das ist ein ganz neues Hilfsgerät, ohne welches binnen kurzem kein Pendler mehr arbeiten wird, denn es ermöglicht Feinarbeit und gibt große Sicherheit.
Das Gerät besteht aus einem sich konisch vergrößernden Hartgummibecher, der eine Stehvorrichtung erhalten hat. In dem Konus befindet sich eine Sammellinse, wie in der Optik benutzt. Hartgummi isoliert völlig! Es werden somit alle fremden Strahlen abgehalten. Wird eine Handschrift untersucht, so wird sie entodet[45], dann auf die Isolierplatte gelegt, der Strahlenisolator auf einzelne Schriftzüge gesetzt und über der Linse, innerhalb der Isolierwand des Bechers, ausgependelt. Es ist durchaus einleuchtend, dass auf diese Weise mit Hilfe des Isolators und Sammlers ein außerordentlich exaktes Ergebnis erzielt wird.
Bisher ging die Pendelforschung in die Breite, mit Zuhilfenahme dieser neuen Hilfsmittel wird sie in die Tiefe gehen. Jetzt besteht die Möglichkeit, viele Fehlerquellen auszuschließen und sehr genaue Forschungen vornehmen zu können. Man wird begreifen, dass damit die bisherige Literatur unzulänglich geworden ist und das neue Lehrwerk neu aufgebaut werden muss.

Verhaltensmaßregeln beim Tischpendeln

1. Setze dich vor den Tisch, setze den Ellbogen auf und lege die linke unbeschäftigte Hand auch auf den Tisch. Außerdem lehne dich so weit über, dass auch deine Brust noch die Tischplatte berührt. Studiere genau die Stärke und Weite der Ausschläge und notiere das.
2. Jetzt entfernst du zuerst die Brust von der Tischplatte, dann die linke Hand. Danach lege einen Gummischwamm unter den aufgestützten Ellbogen.
   Jede Berührung des Körpers beeinflusst die Klarheit und Stärke der Pendelschwingungen. Außerdem wird deine Nervenkraft überflüssig vergeudet, du ermüdest leichter.

---

[45] Entladen, gereinigt, von Energie befreit. Der Autor nennt im Kapitel „Ausbildung zum Pendler“ einige Methoden dazu. (rs)

3. Klebe unter die Tischbeine Gummiplatten, etwa Gummihaken, und nun mache die Versuche unter 1 und 2 aufs Neue.
   Geringer Kraftaufwand, ruhige, klare Pendelschwingungen, Sicherheit im Ergebnis ist am meisten vorhanden, wenn die Isolierung mit Gummi durchgeführt wird.
   Bei ausgedehnten Versuchen kann der aufgestützte Arm ermüden. Das vermindert sich durch ein kleines Lineal, das schräg unter den Handrand aufgestellt als Stütze dient, nachdem wieder ein Gummischwamm darauf gelegt ist.

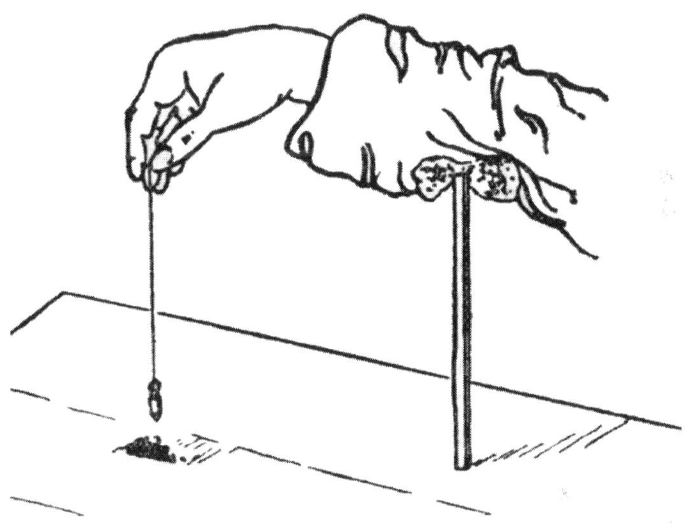

Nachdem diese Übungen gemacht sind, bist du ganz klar, was dir und dem Pendelergebnis günstig ist und was nicht.
Du musst genau auf dein Befinden achten. Sobald sich unter der Schädeldecke ein Druck oder Ermüdungsgefühl bemerkbar macht, ist aufzuhören. Dann liegen folgende Ursachen vor:

1. Du hast den Pendel fixiert und den Wunsch gehabt, die Ausschläge möchten besonders groß und schnell werden. Dieser Fehler wird besonders dann unbewusst gemacht, wenn die Pendelexperimente vorgezeigt werden.
2. Du hast deine Kraftabgaben vergeudet durch unterlassene Isolierung der Apparatur und des Tisches.
3. Du hast zu lange gependelt, bist einfach erschöpft.

Die drei Ursachen haben nur eine Wirkung: unverlässliche Ergebnisse. Du wirst selbst nervös, beginnst unwillkürlich die Pendelergebnisse „Richtigzustellen“,

wirst missmutig und ärgerlich. Merke dir diese Kennzeichen und du wirst rechtzeitig aufhören können und wirst mit allen Vorsichtsmaßregeln pendeln.
Du darfst den Kraftabgang gar nicht empfinden, deine Stimmung muss ruhig und zuversichtlich sein, musst imstande sein, während der Pendelschwingungen zu plaudern, die Augen ganz abgewandt. Es kann sogar eine zweite Person die Pendelschwingungen beobachten und notieren. Dann ist auch jeder Zuschauer überzeugt, dass der Pendler das Ergebnis nicht beeinflusst.

Die Apparatur des Tischpendlers

1 Kettenring-Kraft-Pendel.
1 Kettenring-Füll-Pendel.
1 oder nach Bedarf mehrere Strahlenisolatoren.
2 Isolierplatten.
2 Gummischwämme.
Lehrbuch: Glahns Pendelbücher.

Die Apparatur des Geländependlers

1 Kettenring-Kraft-Pendel.
1 Kettenring-Schwergewichts-Pendel mit umschraubbarer Spitze.
Ein Bandmaß von 10 Meter Messlänge.
Einige Markierstöcke.
Glahns Pendelbücher.

Die Pendelgradscheibe

Sie ist am Schluss dieses Heftes angefügt.[46] Eine Einteilung ist derart getroffen, dass Angaben von 5 zu 5 Grad bis zu 1 Grad, bei genauer Beobachtung bis ½ Grad abgelesen werden können. Pendeltafeln mit mystischen Figuren sind grundsätzlich falsch und bekunden mangelhaftes Verständnis. Denn sie beeinflussen Pendler und Ergebnisse zu falschen Angaben. Das wird im Heft Pendelmagie näher nachgewiesen. Wird der Pendel zwischen Zeigefinger und Daumen gehalten, so ist die Energie gedämpft, stärker und schneller sind die Bewegungen, wenn der Faden allein am Zeigefinger gehalten wird.
In beiden Fällen ist die normale Richtung rechts herum wie der Uhrzeiger. Wird der Pendel an Gold- oder Kleinfinger gehalten, ist die normale Drehrichtung links herum, also entgegen der Uhrrichtung.
Der Mittelfinger ist demgegenüber neutral, er zeigt die Drehung des Geschlechtes an und er hat die stärksten Ausschläge.
Daumen und Kleinfinger haben gleiche Pendelstärke, ebenso Zeigefinger und Goldfinger.
Hängt der Pendel am Mittelfinger, so wird die Bewegung gebremst, wenn der Gold- oder Zeigefinger daran gehalten wird.

---

[46] *Vergleiche Kapitel „Für die ersten Versuche“.*

Ebenso unterbleiben alle Bewegungen, wenn alle Finger sich berühren.
Hieraus ist die verschiedene Polarität der 5 Finger zu erkennen.
Wird der Pendel mit der linken Hand gehalten, so ändern die vier Seitenfinger die Richtung: Klein- und Goldfinger der linken Hand entsprechen demnach Zeigefinger und Daumen der rechten Hand.
Die beiden Mittelfinger haben dasselbe Ergebnis.
Wir erkennen die verschiedene Polarisation der beiden Körperhälften.
Da der Mittelfinger am ruhigsten ist und am wenigsten beim Ausstrecken von den anderen Fingern berührt wird, ist es der vorteilhafteste zum Halten des Pendels.
Die Kraftzufuhr für den Pendel kann gesteigert werden. Das soll man unterlassen. Denn es wird zu einer Täuschungs- oder Fehlerquelle. Der Versuch beweist es, deshalb versuche es einmal: Halte den Pendel über einen dir angenehmen Gegenstand und wünsche, der Pendel möge immer weiter und schneller ausschlagen, so wird das geschehen. Dieser Wunsch indessen führt zur vermehrten Zuleitung der Trieb-Nervenkraft. Dieselbe musst du hergeben. Sie fließt aus dir. Du erkennst das daran, dass sich die vermehrte Abgabe von Nervenkraft eine Ermüdung unter der Mitte des Schädels herbeiführt, binnen kurzem wird das sehr fühlbar. Du hast einen kleinen Schaden dir zugefügt und zugleich einen großen Fehler gemacht. Das kommt besonders leicht vor, wenn du vor anderen Leuten experimentierst und die Unterschiede stark hervorheben willst. Vermeide den Fehler. Du wirst nur dann richtig pendeln, wenn du gänzlich ausgeschaltet am Ergebnis bist, mit kalter Gleichgültigkeit den Vorgang überwachst.
Da hier eine besonders starke Fehlerquelle sprudelt, so übe dich, bis du sicher in der Vermeidung bist.
Bisher wurde allgemein empfohlen, den Pendel zwischen Zeigefinger und Daumen zu halten, oder nur am Zeigefinger aufzuhängen. Das war so allgemein gebräuchlich, man dachte gar nicht an eine Änderung. Durch meine systematischen Versuche gelangte ich dann zur Erkenntnis von dem Gewohnheitsfehler, der in dieser alten Arbeitsweise liegt. Nun ist es ohne Unterschied, ob der Pendel mit der linken oder rechten Hand gehalten wird, denn das Ergebnis ist dasselbe. Eine grobe Fehlerquelle habe ich mit einem Schlag beseitigt, wenn der Pendel auf den Mittelfingern aufgehängt wird.
Wer jetzt die Aufhängeübungen gründlich durchgeprobt hat, wird ebenso erstaunt fragen wie ich: Wie kommt es, dass man nicht auf diese natürliche Haltung sofort gekommen ist? Gewiss sind wir gewohnt, Fäden und kleine Gegenstände nur mit zwei Fingern, Daumen und Zeigefinger, zu halten, nur wussten wir die verschiedene Wirkung der 10 Finger nicht.
Freuen wir uns lieber, jetzt die richtige Aufhängung zu kennen. Dazu der Kettenring mit seiner ruhigen Sicherheit: Da stehen wir vor einem so einfachen und wirkungsvollen Fortschritt!

Auf falschen Wegen

Es hat nicht lange gedauert, da glaubten Pendler zu besonders guten Ergebnissen bei ihren Versuchen zu kommen, wenn sie eine geschicktere Form des Pendels erfänden. Es sind dabei seltsame Konstruktionen aufgetaucht, von denen wenigstens ein paar erwähnt werden sollen.

Der mehrspitzige Pendel

Etwa ein Hufeisen! Imponiert den Laien mit zunehmender Größe. Ich bitte es zu versuchen. Wer gerade kein abgelegtes Hufeisen hat, nimmt eine Schere, hängt diese an einen Faden auf und sperrt die Schneide mit einem Kork auf. Oder einen geöffneten Zirkel. Ein solcher Pendel funktioniert auch, aber wie? Mir ist es nicht gelungen, aus der Stellung der beiden Schenkel irgendwelche Schlussfolgerungen zu ziehen! Ich finde nur eine Erschwernis. Denn die Pendelbewegungen sind nicht mehr leicht und flüssig, sondern gespreizt, leicht kommen die Schenkel in Drehung und dann erfolgt eine Eigenbewegung, die sehr störend ist.

Der magnetische Pendel

Man beschafft sich einen kleinen Hufeisenmagnet, wie er zu Schulexperimenten üblich ist, hängt ihn an einen Faden und pendelt. Der Magnetismus muss notwendigerweise zu falschen Ausschlägen führen. Besonders bei Metallen, namentlich Eisen als Gegenstand der Untersuchung, muss Irriges herauskommen.

Die Pendelwaage

Nimm einen Stab und hänge an beide Enden gleichschwere Pendel. Wird der Stab nun auch noch pendelnd aufgehängt, dann ist alles in Bewegung, rechts und links, kreuz und quer. Eine nutzlose Spielerei. Wird der Stab hingegen festgehalten, dann besteht die Möglichkeit, zwei nebeneinanderliegende Gegenstände zugleich abzupendeln. Das *kann* gelegentlich zweckmäßig sein, im Allgemeinen ist es auch Spielerei. Aber es ist ratsam, derartige Versuche zu machen, und zwar zum Vergleich mit unserem Normalpendel, damit auch hier Erfahrung gewonnen wird.

Der zweihändige Pendel

Ich habe vorgeschlagen, man soll zum Beweis dessen, dass nicht etwa Handbewegungen die rhythmischen Ausschläge des Pendels verursachen, den Pendel an einen Faden hängen, dessen Enden von je einer Hand gehalten werden. Diese harmlose Bemerkung hat die Erfindertätigkeit befruchtet, denn aus dem Faden wurde ein Metallstab, der beweglich gelagert wurde. An diesen Metallstab wurde ein Kreuzbalken gelötet, versehen mit einem Haken, der den eigentlichen Pendel zu tragen hatte. Ein solcher Pendel wird auch mit beiden Händen gehalten, der Kreuzbalken (der übrigens auch gebogen sein kann) zwingt zu senkrechten Ausschlägen, während waagerechte Schwingungen nicht ausreichend möglich sind. Ersichtlich soll hier der Pendel der Wünschelrute angepasst werden? Warum? Beim Geländegehen ist es ja kaum möglich, den Pendel fortgesetzt waagerecht zu halten, sobald er aber schief gerichtet ist, kommen Eigenbewegungen heraus, als eine Quelle von Irrtümern. Was nun alle diese Erfinderschrullen überflüssig macht, das sind die schlechteren Ergebnisse bei erschwerter Arbeit. Der einfache Pendel ist bereits die vollkommen ausgebildete Form. Wer jedoch Verbesserungen ausfindig machen will, ergreife die Möglichkeit, die Antriebskraft nicht vom Pendler zu nehmen, sondern von irgendwelcher anderen Kraftquelle, wie der bereits im vorherigen Kapitel „Die Pendelgradscheibe" erwähnten Strahlscheibe.

Der Kraftkasten

Bastele einen Kasten mit einer Anzahl kleiner Fächer, etwa 3–4 cm im Quadrat, es kommt nicht darauf an. Darüber kommt ein Deckel mit kleinen Stecklöchern über jedem Fach, wie eine Anodenbatterie, die ungefüllt gleich brauchbar wäre. Lege in jeden Kasten einen Zettel, beschrieben mit einem Nahrungsmittel. Es genügt auch, wenn auf den Deckel der Zettel sichtbar aufgeklebt wird. Mache einen Pendel, der eine Fortsetzung in einem Faden hat, in einem Stecker endend. Jetzt nimm einen Brief oder ein Lichtbild unter den Pendel. Die rechte Hand führt den Pendel, die linke bedient den Stecker. Bitte Konzentration! Es ist vom Pendel zu bestimmen, welche Nahrungsmittel derzeit für die untersuchte Person nützlich sind. Jawohl, die Geschichte funktioniert glänzend. Nun kannst du auch alle Körperteile etikettieren, um Krankheiten auszusuchen, kannst alle Räume deines Hauses aufkleben, du bekommst auf *alle* Fälle Auskünfte.
Nicht wahr, das ist eine nette Spielerei? Mindestens so nett, als wenn der dressierte Vogel auf dem Jahrmarkt, vom Sehergeist ergriffen, dir einen Glücksbrief für 10 Pfennige herauswählt.
Da der Kraftkasten durch eine ganze Anzahl von verschiedenen Zetteln sehr vielseitig gemacht werden kann, ist er eine reizende Unterhaltung in der Gesellschaft, die jeder Lage angepasst werden kann. Willst du ihn für diesen Zweck herstellen, so hast du meinen vollen Beifall. Vergiss nicht ein Magierkostüm dabei anzuziehen, wie es für die Planetenmagier üblich ist, die auch aus Kästchen ihre wahnsinnig klugen Prophezeiungen verkaufen. Das ist ein mit magischen Symbolen bemalter violetter Mantel, ein gleicher Hut in Form eines Zuckerhutes, ein langer weißer Bart und eine eulengroße Brille und außerdem der Titel Professor, Magister, Doktor usw.
Gutes Gedächtnis und geschicktes Posieren führt damit zu gesellschaftlichen Erfolgen, um die dich mancher beneiden wird.
Erwerbslose können sogar einen Beruf daraus machen!

Seelische Komponenten - Seelische Beteiligung

Dieser Abschnitt gehört der Ordnung wegen an diese Stelle. Gern hätte ich ihn sonst später eingefügt, weil er geeignet ist, zu falschen Schlüssen zu führen. Es gibt geheime Beziehungen zwischen engverbundenen Personen und diese haben die Folge, dass die Pendelergebnisse unstimmig werden! Das ist nicht nur so beim Pendeln, auch bei anderen Untersuchungen will das Ergebnis nicht stimmen, wenn diese Verbindung besteht. Deshalb behandeln Ärzte ihre Frauen nicht und Arztfrauen suchen aus eigenem Empfinden einen anderen Arzt in Notfällen auf.

Astrologiekundige vermögen ihre eigenen laufenden Konstellationen nicht zu beurteilen, was ihnen bei fremden Menschen so leicht fällt.

Diese Verbundenheit tritt stark in die Erscheinung bei Gatten, es muss daher die sexuelle Verbindung eine Rückwirkung auf das eigene Ich haben, als sollte das Bibelwort von dem „Ein-Fleisch-Sein" durch den Pendel erwiesen werden.

Es gibt gewisse magische Kunstgriffe, um eine Trennung herbeizuführen, die jedoch erst selbst Studium und Übung bedingen. Das gehört ins okkulte Gebiet. Nur um zu zeigen, dass darunter nicht etwa Zauberei oder Geisterspuk gemeint ist, sondern eine psychische Schulung, erwähne ich kurz, dass es sich um die Hebung des Vorstellungsbewusstseins auf eine höhere Stufe handelt. Wie der Geübte „über den Mond" in die Ferne magnetisieren kann, so kann er auch die Strahlung und sein Bewusstsein aus der Erdmaterie in die Äthersphäre heben und dort, befreit von seelischen Einwirkungen, die Untersuchung vornehmen.

Dieser Vorgang kann nicht Gegenstand der Pendelschulung sein, daher wird einfach der Rat erteilt, bei Bestimmung der körperlich verbundenen Person vorsichtig zu sein und den Ergebnissen gegenüber Misstrauen zu bewahren.

Es haben mir auch sonst zuverlässige Pendler geklagt, dass sie bei der Beurteilung von Pendellinien, die sich um die eigene Person drehen, falsche Schlüsse gezogen haben. Nicht etwa um Arzneien oder Nahrungsmittel, das fällt auch bei dem Ehepartner nicht aus dem gesicherten Gebiet heraus, sondern bei Angelegenheiten betreffend die *Psyche.*

Es hat etwa jemand seine ganze Hoffnung auf eine durch den Pendel zu erforschende Angelegenheit geworfen, so wird er leicht falsch raten. Anstatt Gold wird er noch nicht einmal Kupfer, sondern nur Eisen oder Wasser erbeuten. Er wird die Fortdauer einer Liebesverbindung auspendeln, die er innerlich wünscht und es gelingt ihm nicht, frei von ungewollter Beeinflussung zu sein, obgleich die Harmonie bereits im Verschwinden ist.

Das zweite Gehirn

Um den oben angegebenen magischen Vorgang näher zu erklären, will ich auf die Schrift „Das zweite Gehirn“ von *Dr. med. Ferdinand Maack* hinweisen.[47] Dr. Maack stellt die Annahme auf, der menschliche Körper habe in der ihn umschließenden Haut keineswegs eine Grenze, sondern sei noch von einer Aura umgeben, an die sich weiterhin (wie bei der Erde) eine Stratosphäre anschließe, die sich ins Unendliche in unfassbarer Verdünnung ausdehnt. In dieser habe er ein zweites Gehirn, das ebenfalls unendlich verfeinert sei. Mit diesem vermag der Mensch ins Unendliche zu tasten, wenn er sich darin Übung erworben hat.[48]

Die erste Aura ist wohl allen pendelfähigen Menschen bei einiger Aufmerksamkeit sichtbar, am leichtesten an den Fingern. Um diese ist eine Ausstrahlung wie ein feiner grauer Nebel, man muss einen etwas dunkleren Hintergrund haben, und die Lichtquelle, auch das abgeblendete Tageslicht, im Rücken sein. Spreizt man die Finger, ist zwischen den Fingern ein Verbindungsband zu erblicken. Die Fingerspitzen strahlen wie ein Scheinwerfer. Mit der Luftelektrizität steigert sich diese Erscheinung, es fällt mir nicht schwer, bei einem Gewitter Ausstrahlungen in bis ¾ Meter langen, sogar farbigen Spitzen zu sehen.

Nähern sich die Ausstrahlungen der Fingerspitzen zweier Personen, so ist Folgendes zu beobachten: Lieben sich die Personen oder sind sie einander angenehm, was harmonisch polarisiert bedeutet, so gehen die Ausstrahlungen in den andern Körper über. Andernfalls, bei Abneigung, platten sie sich ab, wie zwei Kugeln aufeinander kommen, und die Strahlen biegen sich nach allen Seiten rundum zurück. Bei genügender Übung vermag der Pendler auch die Art der Ausstrahlung von Gegenständen *mit der inneren Handfläche* zu fühlen.

Beispielsweise habe ich mir in Gesellschaft die Augen verbinden lassen, habe die Handfläche leicht gewölbt ein bis zwei Zentimeter über den Tisch gehalten.

---

47 *Dieses Buch erschien 1921 im Theosophie-Verlag Hamburg.*

48 Als „Aura“ bezeichnen wir das für unsere physischen Augen unsichtbare Feld aus Energie, das den Körper umgibt. Dieses Energiefeld besteht aus den verschiedenen, unterschiedlichen, feinstofflichen Körpern des Menschen, die – ineinander übergehend, gleichsam wie eine Schachtel in der anderen – alle zusammen unser Wesen und Sein ausmachen. Der physische Körper, den wir davon als einzigen deutlich wahrnehmen und fühlen können, ist nur der unterste und letzte Körper. Er wird von dem Energiefeld unserer feinstofflichen Körper durchdrungen und beeinflusst. ... Jeder unserer feinstofflichen Körper hat eine bestimmte Schwingungsfrequenz, die jeweils einer bestimmten Schwingungsebene entspricht. Davon ist unser physischer Körper der am niedrigsten schwingende, alle anderen schwingen zunehmend höher. Wir spüren – mehr oder wohl meist weniger bewusst – zwar noch die unmittelbar darüber schwingenden Körper (Ätherkörper, Emotional = Gefühlskörper und Mental = Gedankenkörper) – aber mehr auch nicht. ... Das, was wir gemeinhin unter der „Aura“ verstehen, sind die Körper, die unseren physischen unmittelbar umgeben, für Hellsichtige auch zum Teil wahrnehmbar: der Ätherkörper, der Emotionalkörper und der Mentalkörper. Quelle: http://www.puramaryam.de/auramensch.html. (rs)

Dann wurden Briefe, Fotos und sonstige passende Gegenstände darunter geschoben und ich deutete meine Eindrücke, wie mir versichert wurde, durchaus zutreffend. Leicht ist die Erfühlung des Geschlechtes, aber auch Krankheiten und Tod habe ich gefühlt. In einem Fall konnte ich sagen: getötet durch eine Explosion, bei der die rechte Hüfte mit Leib zerrissen worden ist. Der Betreffende war im Krieg von einer Granate zerrissen worden.
Ebenso lassen sich Krankheiten fühlen, wenn die Hand über den Kleidern, ohne Berührung der Person, langsam an deren Körper geführt wird.
Ich empfehle, diese Versuche jetzt zu machen. Sie dienen zu einer wichtigen Erkenntnis: Das heißt, ob der Pendel durch das Unterbewusstsein gelenkt wird, er demnach unbewusste Empfindungen wiedergibt, oder ob er in der Tat vom Pendler nur die Triebkraft erhält, jedoch von den Ausstrahlungen der Untersuchungsgegenstände gelenkt wird.
Denn dieselbe strahlende Aura haben alle lebenden Dinge, Blumen zeitweilig außerordentlich stark, ebenso Edelsteine, die stark sensitive Personen im Dunkeln leuchten sehen.
Diese Stratosphäre der Organismen kann dazu dienen, den sensitiven Tieren als Wegweiser zu dienen. Die Antennen der Insekten haben dabei denselben Zweck, wie bei uns der Pendel. Das wurde von Georges Lakhovsky nachgewiesen.[49] [50]
Der Schüler kommt durch diese Beobachtungen gleich einen großen Schritt in der Erkenntnis weiter. Ihm wird nun die Möglichkeit verständlicher zu sein, den Pendelvorgang in einer höheren Sphäre vorzunehmen, die ich vorläufig Äthersphäre genannt hatte.
Auch die erwähnte Folge der seelischen Verbundenheit! Der beim Geschlechtsverkehr eintretende Od-Austausch – wir verstehen jetzt unter Od die vorhin geschilderte Aura – hat die Eheleute seelisch-organisch verändert!

Seelische Vergiftung

Der Ausdruck ist nicht neu. Das Neue ist die Übertragung von seelischen Giften auf andere als Verbrechen, für den Strafrichter unfassbar, aber nicht minder wirklich wie eine Vergiftung mit materiellen Giften.
Das ist die Ausstrahlung einer vergifteten Person, die unbewusst auch eine Vergiftende ist.
Wer mit ihr eng verbunden ist und sich nicht befreien kann, ist der Vergiftung ausgesetzt. Seine Gesundheit leidet und Abkürzung des Lebens ist die Folge.

---

49 *Siehe Literaturverzeichnis.*

50 Georges Lakhovsky setzte voraus, dass alle lebenden Zellen (Pflanzen, Menschen, Bakterien usw.) elektrische Eigenschaften haben (Strahlen aussenden) und die nichtmaterielle Schwingung die Grundlage des Lebens ist. Krankheit wäre demnach ein gestörtes Gleichgewicht der zellularen Schwingung. (rs)

Hysterische Personen habe ich als Vergiftende erkannt. Nicht alle Vergiftende sind hysterisch, andere sind innerlich faul und morsch, es sind gewissermaßen Leichengifte der verderbten Seele.
Der Pendler lernt sie kennen!
Zuerst fachliche Wissbegier, um die Pendellinien dieser Menschen zu erkennen und seinem Wissensschatz zuzufügen. Dann die folgende körperliche Erschlaffung, niedergedrückte Stimmung, stark verminderte Leistungsfähigkeit, Gehirnschmerzen. Häufige Wiederholung dieser Untersuchungen macht den Pendler immer empfindlicher und es währt nicht allzu lange, so wird er zittern und zagen, wenn ihm ein Bild eines Verdorbenen unter den Pendel kommt.
Die seelische Vergiftung wirkt auf das Nervensystem des Pendlers, durch dieses wird sein Körper geschädigt.
Unfähig, eine völlige Auspendelung vorzunehmen, wird er gezwungen zu sagen: Meine körperliche Unfähigkeit, die Ausstrahlungen dieses Menschen zu ertragen, gestattet mir nur zu sagen: eine schlechte Seele, Gift für die Umgebung, verderblich für jede mit ihr eng verbundene Person.
Mehrfache Erfahrung geht dahin, dass die angegriffene Person aus innerem Drang gezwungen ist, seelische und körperliche Stärkung bei einer gesunden Person zu suchen.
Ich nehme den Fall einer Vergiftung bei einem Gatten an, der nun vergiftend auf seinen Ehepartner wirkt. Ahnungslos ist dieser dem Gift ausgesetzt, innerlich sträubt sich alles gegen eine körperliche Berührung mit dem vergiftenden Gatten und da Körper und Seele eines Heilmittels bedürfen, so besteht der Drang zur Verbindung mit einer gesunden Person. Der verdorbene Gatte erblickt darin eine persönliche Beleidigung, eine Kränkung und er hat die ganze unwissende Umwelt nebst Polizei und Richter auf seiner Seite!
Das ist die natürliche Grundlage für die unzähligen Ehebrüche. Die angerufenen Gutachten sind meist völlig unwissend trotz Titel und Würden, und das Böse siegt über das Gute.
Auf diesen Zusammenhang gelangt ein forschender Pendler sehr leicht, daher muss er nicht nur pendeln können, sondern auch beobachtungs- und urteilsfähig sein.
Jedenfalls gilt und muss als Grundsatz gelten: Sobald beim Auspendeln einer Person körperliches und seelisches Missbehagen auftritt, ist große Vorsicht geboten. Selbstschutz ist erforderlich und *den Folgen des Daseins* einer vergiftenden Person ist Aufmerksamkeit zu widmen.
Seelische Gifte sind nicht mit materiellen Heilmitteln zu beseitigen, daher ist es durchaus irrig, hierfür solche auszusuchen.
Das Leiden ist auch nicht materieller Art, sondern gehört in das übersinnliche Gebiet.

Das übersinnliche Gebiet

Heute darf das ausgesprochen werden. Die Wissenschaft oder was sich so nennt, ist zur Abwechslung bereit, dieses als vorhanden anzuerkennen. Nur um Bezeichnungen handelt es sich noch. Auf der Grenzscheide steht das Wort *Besessenheit.*

Was ist Besessenheit?

Der Wissenschaftler wird es bezeichnen als krankhafte Idee, Spaltung des Bewusstseins, Schizophrenie, überhaupt ein Nervenleiden.

Weniger in Schranken gefangene Forscher werden das Wirken von unsichtbaren oder sogenannten jenseitigen Wesenheiten erkennen, kurz *Dämonen.*[51]

Hier ist noch nicht der Platz, darüber ausführlich zu werden, das wird geschehen, wenn die Ausbildung den Boden für diese Forschung vorbereitet hat.

Dieselbe Unbefangenheit, die der Pendler gegenüber allen zu untersuchenden Gegenständen haben soll, wird von ihm auch gegenüber allen Lehren vorausgesetzt. Er darf sich nicht irgendwelcher Schulmeinung unterwerfen. Sein oder Nichtsein von Dingen soll er selbst erkennen, erforschen. Wie darf er da schon mit einer Lehrmeinung beschwert an die Untersuchung gehen?

Vor keiner Frage soll er zurückschrecken, Gott und Welt sind sein Feld. Für ihn soll Glauben zuversichtliches Wissen werden, die angeblichen Rätsel des Daseins sollen für ihn aufgelöst werden. Habe ich früher Unbefangenheit in beschränktem Umfang gefordert, so verlange ich jetzt eine unbeschränkte. Damit gehe ich über das Bisherige hinaus.

Der angehende Pendler hat ein geistiges Reinigungsbad vorzunehmen, er verspricht feierlich und verpflichtend:

Ich entsage hiermit jeder Meinung, jeder Lehre und jedem Glauben, der von mir nicht selbst mit Sicherheit erkannt ist. Auch meine eigene Meinung ist veränderlich durch neue Erfahrungen und Erkenntnisse. Ich will keine fremde Meinung ohne Nachprüfung als wahr anerkennen.

Mein Führer ist mein geistiges erkennendes Ich allein.

Mit dieser Verpflichtung geht er schlafen und beginnt er sein Tagwerk, die Wirkung wird sich auf jedem Gebiet fördernd zeigen. Die eigene Persönlichkeit ist erreicht!

Spiritistische Auspendelungen können hier nicht behandelt werden, sie finden im VI. Band ihre Bearbeitung.

Soviel sei jedoch hier gesagt: Wenn sich „jenseitige Intelligenzen“ melden, so ist Kaltblütigkeit und Misstrauen das Gebot der Stunde! Die „Geister“ sind meist Abspaltungen der eigenen Seele, die ein erregtes Unterbewusstsein missbrauchen. Ich habe viele mediale Schriften ausgependelt, diese ergaben als Zeichen der echten Medialität niemals körperliche Linien! Die Ausschläge liegen in

---

[51] Das Wort Dämon kommt aus dem griechischen und bedeutet „böser Geist“. (rs)

der Ebene *über* dem Schema der irdischen Persönlichkeiten und zeigen nur hochgeistige Linien. Die gewöhnlichen Handschriften der Medien selbst sind hingegen völlig irdisch-menschlich! „Falsche Geister“ pendeln hingegen wie die Medien selbst! Mit Linien geistiger Erkrankung!

Im Raum

Bei den Scheidemänteln begegnen wir zum ersten Mal einem Bereich, der im Raum unsichtbar ist, aber vom Pendel respektiert wird. Bei genauer Überlegung und Beobachtung sind alle Pendelschwingungen räumlich begrenzt, sie werden von unsichtbaren Wänden aufgefangen und aufgehalten.

Diese Vorstellung ist fruchtbar, sie mündet in der exakten Wissenschaft.

Dr. F. Maack lehrte, die sichtbare Form sei nicht das Ende, die Grenze des Organismus, dieser setze sich weiter fort. Er stellte die Behauptung auf, der Mensch habe ein zweites Gehirn außerhalb des sichtbaren Körpers, welches die Verbindung mit der unsichtbaren Daseinswelt aufrechterhalte. Weiterhin stellte er die Hypothese auf, der sichtbare Körper erhalte seine Form durch eine Astralform, eine unsichtbare Matrize. Überhaupt ist Dr. Maack der Denker vom Raum[52], dessen alles weniger als fantastische Gedanken für unsere Pendelforschung wichtig sind.

Vor allem sind sie nützlich gegenüber fantastischen Pendeleien! Auspendelungen von angeblichen Dingen und Wesen außerhalb des Menschen, die nach Meinung dieser Pendler fortgesetzt um sie sind, jederzeit einer Befragung willig und gegenwärtig. Was das für Fabelwesen sind, erfährt man eigentlich nie, es wird nahegelegt, an Spirits[53] und andere Wesen der unsichtbaren Welt zu denken. Diesen Wesenheiten traut der fantastische Pendler alles Wissen und alle Vertrauenswürdigkeit zu, denn es gibt keine Fragen, die ihnen nicht vorgelegt werden.

Die eigenen Gedankenformen sind ja leicht auf ihre Herkunft zu prüfen. Beispielsweise schaffe ich ein Gedankenwesen und banne dieses auf meinen Schreibtisch. Es lässt sich auspendeln, und zwar kommen die Ausschläge, die für das Bild zutreffend sind. Nun untersuche ich die Vaterschaft, indem ich den Pendel über einige Schriftzeilen von mir lege und die Linke auf die Gedankenform, worauf der Pendel sofort in Ruhestand übergeht. Wer gern etwas Sichtbares vor sich haben will, kann ein reines Blatt Papier bedenken und damit das Experiment machen.

Nun rate ich den Fantasiependlern, dieses Experiment mit ihren Spirits vorzunehmen, damit deren Art und Wesen einmal aufgeklärt wird!

---

[52] „Die Magie des Raumes und der Zahl“ - Die heilige Mathesis von Ferdinand Maack, Neuauflage im Bohmeier Verlag.

[53] Ein Spirit ist ein Geist (z. B. einer verstorbenen Person). (rs)

Insbesondere lassen sich alle medialen Schriften in dieser Weise untersuchen! Denn wenn es Spirits gibt, die für einen einzelnen Menschen ein stets geöffnetes Auskunftsbüro unterhalten, dann müssen sie auch räumlich begrenzt sein und das kann unser Pendel bestimmt feststellen.
Aber auch für unsere sichtbaren Objekte ist die Raumfrage sehr wichtig. Es muss unsere Aufgabe sein, die unsichtbaren Grenzen zu ermitteln. Bis jetzt habe ich scharfe Grenzen noch nicht festgestellt. Als wenn eine zunehmende Verdünnung vorhanden wäre, die zuletzt im Nichts des Raumes oder Äthers endet.
Über die Natur des Äthers ist sich die Wissenschaft noch nicht klar geworden. Sehr oft hört man jetzt die Bezeichnung Energie dafür. Diese Energie oder der Ätherdruck formen die Körper. Da ist die Frage offen: Gibt es überhaupt eine Strahlung? Wir Pendler werden diese Frage bejahen! Wie wir auch die Existenz von funktionellen Richtungsgesetzen in jedem Organismus annehmen müssen. Wem diese Vorstellung bei uns Menschen unbequem ist, richte seine Aufmerksamkeit auf die Kristallbildungen, bei denen sie sichtbar wirken. Das führt zur Stereochemie und zur Stereophysik und damit sind wir wieder beim Raum angelangt.

Die sittliche Forderung

Mit der Beachtung der äußerlichen Vorsichtsmaßregeln ist noch nicht alles gewonnen, es kommt eine Forderung hinzu, die zunächst wenig Bedeutung hat, diese jedoch weiterhin gewinnt und ohne deren Erfüllung kein gesichertes Ergebnis zu erzielen ist. Das ist ein gutes, reines Gemüt. „Göttliches Gemüt“ ist für uns Menschen unerreichbar, jedoch können wir bewusst danach streben, dann erhalten wir zunehmend mehr. Verstandesmäßige Unbeeinflussbarkeit ist bei Naturvorkommen ohne lebendige Seele ausreichend. Handelt es sich hingegen um beseelte Wesen, so soll das reine Gemüt hinzutreten. Wohlwollen erfüllt den Pendler, er freut sich über das Gute, wo es zu finden ist, und bedauert jede Wendung zum Bösen. Damit ist der Pendler an sich nicht beeinflusst, er kann dabei völlig unbeeinflusst Mensch, Tier und Pflanze untersuchen. Aber er ist davor geschützt, Beute schlechter Wesenheiten zu werden, die das Böse unterstreichen und das Gute vermindern.
Gewiss kann der umgekehrte Einfluss von guten Wesenheiten auch eingeworfen werden. Diese werden, mit der Wahrheit im Bunde, das Böse nicht unterdrücken und dem Pendel nicht die Aufdeckung verhindern. Sie werden jedoch das vorhandene Gute auch hervorheben und zeigen, wo und wie das untersuchte Wesen eine Möglichkeit zur Besserung hat.
Diese Forderung mag unbefriedigend klingen, sie ist nicht weiter ungewöhnlich. Man stellt sich einen bösartigen Arzt vor, der sadistische Freude an den Qualen seiner Patienten hat, und einen gutartigen, wohlwollenden Arzt, der die Schmerzen lindern und zu beseitigen bestrebt ist. Der erstere kann überhaupt nicht rich-

tig heilen, seine Patienten wenden sich gefühlsmäßig von ihm ab und dem anderen Arzt zu.
Nicht anders ist es hier.
Ich habe früher diese Forderung noch nicht vertreten, bin jedoch durch Erfahrung dazu gekommen, die unbedingte Notwendigkeit anzuerkennen.
Somit erkläre ich den Pendel als gutes Werkzeug für einen guten Menschen. Der böse wird sich und die andern damit schädigen.
Wahre Naturmagie ist weiße Magie, diese kann nie mit jener im Gegensatz stehen.
Ist nun der Pendel nicht gerade deshalb wertvoll, weil er seinem Benutzer zeigt, welchen Nutzen es gewährt, gut zu sein?

Die Ausbildung zum Pendler

Es folgen nun Anweisungen für die sorgfältige Pendelung. Dabei sind zunächst einige Forderungen, die für den Anfang gelten und die nach erfolgter Ausbildung überflüssig werden, wenigstens bei vielen Untersuchungen. Das erkennt der Pendler selbst, doch soll für den Beginn alles getan werden, um Fehler auszuschließen.
In der vorigen Ausgabe habe ich diese Anweisungen als Pendelgesetze bezeichnet. Die vorhergehenden Aufklärungen haben davon einige verändert, andere bereits hinzugefügt. Der Nachdruck von anderen Schriftstellern ist mit Ausgabe dieses Heftes veraltet. Dass der Nachdruck auch ohne Quellenangabe erfolgt ist, kennzeichnet die literarische Bedeutung der „Nachdenker“. Und „Nachschreiber“.

Halte den Pendel möglichst ruhig, am besten stellt man sich hin. Beim Sitzen muss der Ellbogen auf den Tisch gestützt werden.
Immer wird der Einwand erhoben, die leisen Zitterbewegungen der Finger würden die Pendelausschläge bewirken. Dieser Einwand kann am besten entkräftet werden, wenn der Betreffende aufgefordert wird, die Pendelbewegungen durch Handbewegungen hervorzurufen. Es wird sich dann zeigen, dass dazu viel lebhaftere Handbewegungen erforderlich sind. Die leisen Schwankungen der haltenden Hand sind dazu gar nicht ausreichend.

Lege die abzupendelnden Gegenstände auf einen Tisch ohne Metallteile, der möglichst keine Schublade hat, in der sich andere Gegenstände befinden können, da deren Ausstrahlungen durch die Tischplatte den Pendel beeinflussen. Lege auch ungebrauchtes Papier unter den abzupendelnden Gegenstand. Der Pendel muss über der Unterlage völlig still stehen, ehe etwas zum Auspendeln hingelegt werden darf. Man kann den Pendelfaden auch an einen Stab aus Holz, Glas usw. binden und diesen in die Hand nehmen.

Lege alle Metallgegenstände von dir ab. Später ist diese Vorsichtsmaßregel meistens unnötig.

Stelle dich so, dass der Pendel sich zwischen dir und Sonne oder Mond befindet, weil sonst der Pendel anstatt rechts nach links herum schlägt, welcher Bewegung eine besondere Bedeutung innewohnt, wie noch gezeigt wird. Am Tag stehst du also vorwiegend nach Süden gerichtet. Probiere es selbst aus, indem du dich mit dem Pendel nach allen vier Windrichtungen wendest! Die Sonne wirkt nicht nur durch Mauern, sondern nachts auch durch die Erde! Wer hierbei nicht völlig sicher ist, darf nicht an Charakterpendelungen gehen. Der geübte Pendler kann diesen Einfluss unterbinden.

Die Ausschläge nehmen in der Weite mit der Entfernung des Pendels vom abzupendelnden Gegenstand zu. Die Ausstrahlungen erfolgen in der Form eines auf der Spitze stehenden Kegels, also nachfolgender Figur:

Der Punkt bezeichnet den Gegenstand. Du siehst die Kegelwände nicht, der Pendel respektiert sie aber genau. Berühre erst den Gegenstand mit dem Pendel, damit die Verbindung schnell hergestellt wird, dann hebe ihn langsam höher, so werden die Pendelanschläge immer weiter werden, nach Maßgabe deiner eigenen Kraft und der Stärke der Ausstrahlungen. Durch Übung werden die eigenen Grenzen bald gefunden. Wundere dich nicht, wenn du über einen linsengroßen Edelstein Ausschläge von 30–40 cm Durchmesser erhältst. Ich erziele solche mit schweren Uhrgewichten!

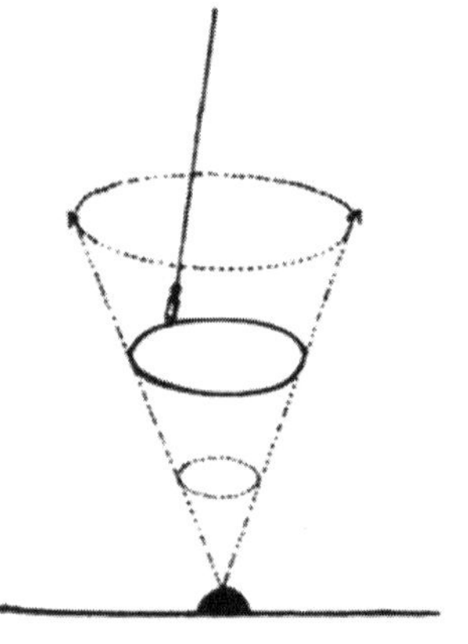

Spanne deine Aufmerksamkeit an, soweit es möglich ist. Etwa, als wenn du im Theater den Beginn eines Stückes mit Spannung erwartest, dessen Inhalt du noch nicht kennst. Diese Spannung ist notwendig, damit wird die Herrschaft erreicht. Fixiere mit den Augen die Pendelspitze, weil das zur Konzentration beiträgt. Durch fortgesetzte Übung wird eine innere Spannung erreicht, welche dieses Fixieren erübrigt. Dabei kann man wohl sprechen und erklären, denn die Pendelschwingungen werden ja nicht beeinflusst. Mit dem Pendeln ist also eine geistige Anstrengung verknüpft, mit dem Eintritt der Ermüdung hört man auf. Erst wer diese Spannung durchhalten kann, vermag die feineren Untersuchungen vorzunehmen, bei denen aus der Menge der verschiedenartigen psychischen und materiellen Ausstrahlungen einzelne zum Auspendeln bestimmt werden. Habe ich z. B. ein Lichtbild oder eine Handschrift auszupendeln, fordere ich nacheinander: Charakter, seelische Veranlagung, Beschaffenheit der Nerven, den Kopf, die Augen, das Herz, die Lunge usw., und gehorsam folgt der Pendel und wechselt sofort die Bewegungen. Somit kann jede Einzelheit, jeder

Körperteil, jede seelische Erregung besonders für sich abgependelt werden. Das ist nur durch Übung zu erreichen, die ohne störende Anwesenheit anderer Personen vorzunehmen ist. Beginne z. B. mit einer Münze und verlange die einzelnen Metalle der Mischung, so wirst du deren Anwesenheit feststellen können, nachdem du dir an reinen Metallen die Kenntnis der arteigenen Anschläge verschafft hast. Gelingt der Versuch, kannst du bei lebenden Wesen beginnen.
Bei Lichtbildern und lebenden Wesen führe den Pendel über alle Körperteile und stelle die besonderen Anschläge fest.
Der Geübte kann von jedem Punkt aus jedes Körperorgan bestimmen und der Pendel sortiert die verschiedenen Ausstrahlungen mit aller Zuverlässigkeit, besser ist jedoch der ganze Körper oder sein Abbild.
Beginne mit Mineralien, Edelsteinen, Nahrungsmitteln usw. Diese haben nur eine konstante Linie, wenn sie rein sind. Wenn eine Pappscheibe, auf der die 360 Grad am Rand eingezeichnet sind, unter den Gegenstand gelegt wird, so sind die Ausschläge nach dem Grad zu bestimmen. In diesem Fall muss der Nullpunkt nach Süden gerichtet sein und du stellst dich mit dem Rücken nach Norden. Nach den Mineralien kommen die Pflanzen an die Reihe. Diese sind höher geordnet, sie haben bereits das vitale oder das vegetative Prinzip. Dieses wird stets durch *tiefliegenden* Querstrich Ost-West gekennzeichnet. Aber verschieden pendeln Wurzel, Stängel, Blüte, Samen. Merke: Alle Nahrungsmittel liegen zwischen 60–200 Grad, die Reizmittel, wie Tabak, Alkohol usw. höher, die Gifte aber über 230 bis etwa 300 Grad.
Der Pendel hat bei dieser Untersuchung die Neigung, von dem zu prüfenden Gegenstand weg nach einer bestimmten Richtung auszuschlagen. Der Rückschlag geht wohl wegen der Schwungkraft über den Gegenstand nach hinten hinaus, aber die Ausschläge der eigentlichen Richtung sind viel weiter. Der Pendel nimmt mit dem ersten Ausschlag schon die Antriebskraft und zutreffende Richtung an. Der Antrieb ist deutlich zu bemerken, gib Acht darauf!
Hier bist du bereits Forscher! Schreibe die Ergebnisse auf, denn es sind *deine* Ergebnisse, die du am besten verwerten kannst.
Alles künstlich Hergestellte setzt den Pendel nicht in Bewegung. Da werden z. B. künstliche (synthetische) Edelsteine hergestellt, genau in derselben chemischen Zusammensetzung wie die echten, mit wundervollem Feuer, aber der Pendel rührt sich darüber nicht. Somit kann Echtes vom Nachgemachten prächtig unterschieden werden. Auch erkennst du jetzt, dass Edelsteine durch ihre Ausstrahlungen, wie Arznei, eine starke Wirkung auf die Psyche haben und verstehst es nun, wenn man dir erzählt, dass Edelsteine mit vergifteter Ausstrahlung Menschen in den Tod getrieben haben. Hieraus folgt, dass die Mineralien belebt, beseelt und hierbei gesunde und kranke Seelen möglich sind. Die gleiche Erfahrung ist bei Pflanzen zu machen, z. B. bei Giftpflanzen und fleischfressenden. Daher heißt es: Nicht der Schmuckwert entscheidet, sondern die Ausstrah-

lung! Diese ermittle genauso, wie es bei Arzneien und Nahrungsmitteln angegeben ist.
Gold pendelt stets einen reinen Kreis, Silber eine Nord-Süd-Ellipse, die sich auf den Pendler zu bewegt.
Auch der Mann und die Sonne pendeln einen Kreis, der Mond und die Frau eine Ellipse. Die Sonne und das Gold bezeichnen auch den Geist, der Mond und das Silber die Seele. Ist ein Mann weibisch oder eine Frau männlich organisiert, so wirkt sich das in der Pendelfigur aus. Normalerweise hat jeder Mensch beide Pole in sich verkörpert, nur sollen beim Mann die Zahl der Kreise, beim Weib die Zahl der Ellipsen überwiegen. Das ist *ein* Tiefblick in das Wesen der Natur und ihrer Geschöpfe, der Pendler bekommt solche in großer Anzahl!
Die Gegenstände müssen vorher von anhaftenden fremden Ausstrahlungen (Od) befreit werden. Besonders Briefe und Lichtbilder, die in der Brieftasche zwischen anderen Schriftstücken getragen wurden, sind überladen damit. Mineralien und Metalle werden in frischem Wasser abgespült. Briefe und Bilder werden durch magnetische Striche gereinigt. Lege den Gegenstand auf den Tisch und fahre mehrfach kräftig mit nach außen gekehrten Händen von der Mitte aus nach beiden Seiten, mit dem Bewusstsein: Ich nehme alle fremden Ausstrahlungen weg. Das ist auf *beiden* Seiten notwendig. Handelt es sich um wichtige Untersuchungen, wie ich sie z. B. als gerichtlicher Sachverständiger in Strafsachen vorzunehmen hatte, ist eine mehrtägige Auslüftung sowie wiederholte magnetische Reinigung erforderlich, sonst handelt man leichtsinnig.
Wer etwas sensitiv ist, fühlt deutlich die fremden Bestandteile. Er hat deutlich das Gefühl, fremde Stoffe wegzuschleudern. Der entodete Gegenstand strahlt nach der Reinigung ganz anders „rein".
Alles das ist ungemein fesselnd und belehrend, nicht im Mindesten langweilig, liegen doch immer die Ergebnisse gleich vor Augen.
Pendele nur im Zustand völliger Seelenruhe, ohne Hast und ohne Zeitzwang. Bis zu 5 Minuten muss unter Umständen auf das Eintreten der Schwingungen gewartet werden. Charakterbilder erfordern wohl 300 bis 400 Pendelausschläge, bei denen eine fortgesetzte Auszählung mit Angabe der einzelnen Pendelbilder notwendig ist. Dabei ist also eine schreibende Hilfsperson sehr zweckmäßig.
Anwesende Personen müssen sich mindestens 1½ m entfernt halten.
Pendele nicht vor fremden Personen, bis du den Pendel völlig beherrschst und auch imstande bist, *fremde Willensströmungen* zu fühlen. Diese werden von böswilligen und gegnerisch gerichteten Personen gern benutzt, um die Beweisführung des Pendlers zu stören. Sie beweisen damit das Vorhandensein von *Gedanken*strahlen, die als Suggestion nützlich wie verderblich benutzt werden. Empfindest du diese, dann sind alle Experimente sofort abzubrechen, weil die Ergebnisse ungewiss werden.
Zu der Lebenskraft oder dem „vegetativen Prinzip" der Pflanze tritt beim Tier die Seele, beim Menschen außerdem der Geist. Das spricht der Pendel deutlich

aus. Da gibt es viele neue anziehende Dinge zu erforschen. Das Geschlecht pendelt beim Tier wie beim Menschen. Auch jeder Teil des Körpers! Prüfe, ob das gekaufte Fleisch von einem männlichen oder weiblichen Tier stammt. Man kann in Wahrheit das Geschlecht der Befruchtung im Ei erkennen.
Da wurde vor Jahren ein Geschlechtsprüfer in Massen auf den Markt geworfen, ein sehr minderwertiger Pendel mit Gebrauchsanweisung. Unwahr ist darin die Behauptung, dass jedermann mit dem Pendel arbeiten könne. Geradezu irreführend war aber in einer mir vor Augen gekommenen Gebrauchsanweisung die Kennzeichnung des Geschlechts: der Kreis für weibliche, die Längsellipse für männliche Eier. Mit solchen Schwindeleien lockt man den Leuten das Geld aus der Tasche, um sich zu bereichern.
Wir halten also daran fest: Eier mit männlicher Befruchtung schlagen Kreise, mit weiblicher Befruchtung Ellipsen, unbefruchtete Eier geben Pendelruhe, angefaulte Eier einen Querstrich oder eine schräge Ellipse. Die Eier vorher in fließendem Wasser waschen, das Ei nicht beschreiben!
Beim Auspendeln von Lichtbildern nimm Rücksicht auf Metallgegenstände, welche die dargestellte Person sichtbar oder unsichtbar getragen hat.
Gilt es Gruppenbilder auszupendeln, so achte darauf, keine Teile abzupendeln, wo die Körperteile von mehreren Personen hintereinander sind, weil diese alle mitgependelt werden. Zu diesen Versuchen muss ein ganz kleiner Pendel genommen werden, etwa ½–1 Gramm schwer, damit alle Feinheiten herausgeholt werden. Dazu eignet sich der Füllpendel vorzüglich. Und der Strahlensammler!
Mit einem Ring oder einer Münze als Pendel lässt sich folgendes besonders gut feststellen: Schreibt jemand eine Lüge, so wird er sich innerlich überwinden müssen, er stockt oder schreibt mit angehaltenem Atem. Pendele hier den Charakter aus, es kommt die Linie der Lüge heraus. Stockt jemand aus einer anderen Ursache, z. B. Schmerz, verhaltener Leidenschaft, so kommen die dafür ermittelten Charakterlinien heraus. Somit kann jede Freundschaftsversicherung, jedes Versprechen, jede Einladung, jede Ablehnung wie Schmeichelei, jeder Hintergedanke auf Wahrheit untersucht werden. Der geübte Graphologe kann das auch an den Schriftzügen erkennen, der Pendel vermag das aber noch sicherer. Wenn der Briefschreiber mit fliegenden Pulsen schreibt, wenn er seine innersten Gefühle und Meinungen zum Ausdruck bringt, drängt der Pendel schnell vorwärts, kaum dass der haltende Arm mitkommen kann. Setzt man den Pendel mit locker gehaltenem Faden auf den Gegenstand, so dreht er sich an vielen Stellen um sich selbst, rechts oder links. Diese Stellen sind mit Nutzen auf den Charakter auszupendeln! Dann erkennt man die Bedeutung dieser Erscheinung, die bald starke Lebenskraft, bald aber auch besondere Eigenschaften anzeigt.
Da die eigene Schrift auch auszupendeln ist, besteht die beste Gelegenheit zur Selbsterkenntnis. Denn die Wahrheit kann *nur* im Innern von sich selbst gefunden werden. „Erkenne dich, so erkennst du die andern."

Für die ersten Versuche – Der dynamische Kreis

Grundsätzliches

Der 0 Grad = Wasserstoff, Gold = Süden der 45. Grad = Silber = Eidotter der 90. Grad = Palladium = Osten	Positive Elemente. Keime. Nahrungsmittel der Embryonen. Blüten, Pistillen, Äther, Aromatische Öle, feine Gewürze.
der 135. Grad = Eiweiß der 180. Grad = Schwefel = Norden	Negative Elemente. Zucker, Butter, Milch, Kasein, Kleber, Cerealien, Stärke, Nahrungsmittel. Fette und flüchtige Öle, Wein, Schwefelverbindungen der Elemente des I. Quadranten. Kohlcsäure-, Natron- und Talkverbindungen.
der 225. Grad = Eierschale, Speichel der 270. Grad = Stickstoff, Schwefel = Westen	Oxide der Elemente des I. Quadranten. Geschwefelte Elemente des II. Quadranten. Verbindungen mit Kiesel, Kalk, Kali, Baryt, Strontium, Talk und Natron. Salze. Extraktivstoffe, Narkotika, Harze, Wachs, brenzl. Öle, Spirituosen, Essig, Tabak, starke Gewürze.
der 315. Grad der 360. Grad = Sauerstoff	Chlor, Brom, Jod usw. Oxide, Oxidhydrate, Säuren der negativen Elemente des II. Quadranten, Ton-, Beryll-, Zirkon-Erden. Mineralfarbene Edelsteine. Gifte. Alkaloiden. Nahrungsstoffe der Pflanzen. Fruchtbare Erde. Exkremente. Wurzeln.

Danach liegen unsere Nahrungsmittel im II. Quadranten, im III. liegen unsere Nervenreizstoffe, im IV. Quadranten die reinen Gifte.

So finden wir Salz im III. Quadrant. Dieses ist chemisch Chlornatrium. Chlor pendelt 357½ Grad und Natrium 22½ Grad.

Aufgabe: 1. Pendele Salz auf Grad aus. 2. Bestimme nun die Gradlinien von Chlor, dann diejenigen von Natrium. Der Pendel zeigt diese gesondert an! Somit kannst du erstens den Grad der Stoffzusammensetzung ermitteln, dann die Grade der einzelnen Bestandteile.

Stelle dir selbst weitere Aufgaben dieser Art.

Nimm z.B. eine Metalllegierung und nenne die einzelnen Metalle. Der Pendel wird die Gradlinien der vorhandenen anzeigen. Ist das Metall nicht in der Legierung, rührt sich der Pendel nicht.

Die Elementarstoffe (Positive Elemente)

+ = positive Elemente

+ Wasserstoff	0 Grad	Nickel	142½ Grad
+ Gold	0 Grad	Molybdän	142½ Grad
+ Diamant	5 Grad	Kobalt	145 Grad
+ Natrium	22½ Grad	Antimon	147½ Grad
+ Silber	45 Grad	Blei	150 Grad
+ Magnesium	60 Grad	Mangan?	152½ Grad
+ Zink	67½ Grad	Kalzium?	155 Grad
+ Silizium	80 Grad	Eisen	157½ Grad
+ Palladium	90 Grad	Wismut	160 Grad
Bor	95 Grad	Chrom	162½ Grad
Lithium?	97½ Grad	Kadmium	165 Grad
Uran	100 Grad	Tellur	167½ Grad
Kalium	110 Grad	Arsen	167½ Grad
Kupfer	120½ Grad	Wolfram	170 Grad
Barium?	115 Grad	Selen	172½ Grad
Strontium	117½ Grad	Phosphor	175 Grad
Iridium	120 Grad	Schwefel	180 Grad
Beryllium	122½ Grad	Stickstoff	270 Grad
Zinn	125 Grad	Quecksilber	270 Grad
Zirkonium?	127½ Grad	Jod	310 Grad
Aluminium	130 Grad	Brom	355 Grad
Titan?	132½ Grad	Chlor	357½ Grad
Platin	135 Grad	Sauerstoff	360 Grad
Cerium?	137½ Grad		

Die basischen und sauren Verbindungen und deren Hydrate liegen immer 180 Grad entfernt, z. B.

Platin	135 Grad	Platinoxid	315 Grad
Eisen	157½ Grad	Eisenoxid	337½ Grad
Kupfer	112½ Grad	Kupferoxid	292½ Grad

Steht also nur das Oxid zur Verfügung, wird aus dem erhaltenen Grad das Element berechnet. Diese Gradbezeichnungen sind mit „?“ gekennzeichnet.
Dies sind vorläufige Angaben zur Ausbildung, im folgenden Heft werden Tausende von Angaben gemacht.

Einige nützliche Gradbezeichnungen (Erdarten)

Sand, Graberde (wilder Boden)................................ 225 Grad
Schlechte Felderde... 247½ Grad
Flusssand.. 260 Grad
Gute Felderde... 265 Grad
Kieselerde .... 267½ Grad
Mittelgute Gartenerde..275 Grad
Gute Gartenerde.. 280 Grad
Humuserde... 292½ Grad
Tonerde.. 310 Grad
Urin.. 270 Grad
Kuhexkremente.. 272½ Grad
Pferdekot... 280 Grad
Ziegenkot .... 285 Grad
Guano[54].. 300 Grad
Hundekot.. 305 Grad
Menschliche Exkremente..................................... 315 Grad

Weitere Gradbezeichnungen (Die Kartoffel)

Knollen ohne Schale im November .... 115 Grad
Unreife Knollen ohne Schale im August .... 135 Grad
Gefrorene Knollen ohne Schale im Januar............. 202½ Grad
Kartoffel mit Schale.. 205 Grad
Kranke Knollen im Februar .... 225 Grad

Schlussfolgerung: Der Nährwert nimmt so ab wie die Gradzahl wächst!

Es ist nicht möglich, die sehr umfangreichen Tabellen von Professor Bähr aufzunehmen. Für den vorliegenden Zweck der Einführung genügt das Mitgeteilte.

[54] Der Begriff Guano bzw. „Huanu“ entstammt der Inka-Sprache Quechua und wurde erstmals für Seevögelexkremente benutzt, die man auf Inseln der peruanischen Küste fand. Da es jedoch auch größere Akkumulationen von Exkretionen anderer Vertebraten gibt wie z. B. Fledermäuse oder Robben, spricht man entsprechend von Fledermaus-Guano, Robben-Guano etc. Zitiert nach: http://130.149.138.59/lager/wipki/guano.htm (rs)

Kritischer Führer durch die Pendelliteratur[55]

Die Schriften von *Karl Bähr,* Professor an der Kunstakademie in Dresden: *Der dynamische Kreis.* Die natürliche Reihenfolge der Elemente und zusammengesetzten Körper. Dresden 1861. Drei Hauptlieferungen, ferner vier Supplementslieferungen, die 1862, 1864, 1866 und 1868 erschienen sind. Zusammen 521 S. Großformat ohne die 100 Tafeln!
Der Inhalt dieses grundlegenden Hauptwerkes ist:

I. mit 30 radierten Tafeln. Einleitung, Teilung des Kreises. Gruppierung der Körper. Anorganische Körper und organische Körper;
II. mit 32 radierten Tafeln. Fortsetzung der anorganischen Körper und von organischen Körpern die Giftpflanzen;
III. mit 21 radierten Tafeln und 113 Holzschnitten. Anorganische und organische Körper. Beschreibung des dynamischen Experimentes. Der Mensch. Das Wasser. Licht und Farben;
IV. mit 5 radierten Tafeln und 10 Holzschnitten. Das Stativ und sonstige technische Angaben über die Experimente;
V. mit 4 radierten Tafeln und 22 Holzschnitten. Nachträge, neue Experimente. Über Gase usw.;
VI. mit 6 radierten Tafeln. Berichtigungen. Der Galvanische Strom. Induktions-Elektrizität. Einwirkung primärer, sekundärer usw. Ströme auf den Pendel;
VII. mit 2 radierten Tafeln. Berichtigungen. Polare und polarisierte Körper.

Vorträge über Newton und Goethes Farbenlehre. *Mit einer radierten Tafel. Dresden 1863.*
Diese seltene Schrift verdanke ich Frau Franziska Pohl in Berlin-Tegel. Damit hat es eine sonderbare Bewandtnis. Ich drucke aus einem Brief ab: „Und so bitte ich Sie mir zu helfen, dass Goethes Benutzung des Pendels zur Bestimmung des dynamischen Wertes der Farbe wieder zur Geltung kommt, nachdem es in den heute zur Ausgabe kommenden Büchern absichtlich unterdrückt worden ist. Helmholtz sagte: Goethe hat über 850 Thesen aufgestellt und sich nicht in einer geirrt. (Er wagte nicht dem Pendel eine Beihilfe einzuräumen.)
Karl Bähr hat die beiliegenden Vorträge in Dresden gehalten und drucken lassen. Ich kaufte mir Ende der 70er Jahre[56] das Buch (genau wie das beiliegende), fand auf den Seiten 140–145 usw. immer Bährs Aussage: Zur Bestimmung des Wertes usw. „nahm Goethe den Pendel" und „Goethe fand" und 10–20mal immer „Goethe". Ich strich diese Stellen dick rot an und machte zu meiner Orientierung Kreuze und Zeichen. Mir war das Buch schon der Briefe wegen ein Juwel, denn ich verehre unseren größten Deutschen, freute mich, dass Schleich in „Es läuten die Glocken" und in seinen an-

[55] Diese Liste der damaligen Pendel-Literatur haben wir nur Vollständigkeitshalber mit aufgeführt – es ist unklar, ob es diese Bücher auf dem Markt heute noch gibt. (D. V.)
[56] 1870er Jahre. (rs)

dern Schriften die glühendsten Worte für den, auch für ihn „Einzigen“ findet, so herrlich, wie es nur wenigen möglich ist. –
Vor kurzer Zeit lernte ich einen Professor kennen, der ebenso eingestellt ist, aber nichts von Goethes Pendelgebrauch wusste. Ich schenkte ihm das Buch und bestellte mir ein Exemplar, das ich fortlegte, ohne es anzusehen. Später entdeckte ich, dass Goethe in den Seiten durch „man kann durch den Pendel“ oder „ich habe durch den Pendel“ usw. ersetzt worden ist. – Ich schrieb an den Verleger Türk in Dresden und erhielt die Antwort: Bähr ist lange tot, der Verlag in etwa dritter Hand, das Buch nicht vorrätig. – Ich bat den Professor unter Einsendung dieses Exemplars um Wiedergabe des meinigen, um beglaubigte Abschriften nehmen zu können. – Er sandte mir dieses mit Bedauern, dass vielleicht einer der Herren, denen er es geliehen, vertauscht haben könnte. In diesem Fall wäre jede Frage überflüssig.“
Hieraus geht hervor, dass etwas unterdrückt worden ist, aber das Zeugnis von Frau Pohl steht über jedem Zweifel und ich benutze diese Gelegenheit, um die Tatsache zur allgemeinen Kenntnis zu bringen.
Das Material der Bähr'schen Versuche und Ergebnisse ist zu ungeheuer groß, um hiervon eine Schilderung zu geben. Da diese Bücher wohl nur noch selten käuflich sind, werde ich in der Folge der Pendelbücher so viel als möglich daraus mitteilen. Gegenüber diesem Riesenwerk ist alles spätere, was auf dem Gebiet der Pendelforschung über Organisches und Anorganisches geleistet wurde, unwichtig.
Professor Bähr kannte noch nicht die Pendelforschung aus dem Reich der Seele, des Geistes und der Persönlichkeit.

Friedrich Kallenberg: Neue Offenbarungen des siderischen Pendels. Die Leben ausströmende Fotografie und Handschrift. Jos. C. Huber, Diessen 1913. P-Strahlen. Das Neuland des siderischen Pendels. Max-Altmann-Verlag Leipzig 1920.
Kallenberg ist der Entdecker des psychischen Pendels, das heißt, der Ausstrahlungen der lebenden Seele im Körper und in ihrer Auswirkung, die sich auf die fotografische Platte und auch in der Handschrift ausdrückt. Diese Bücher sind der Ausgangspunkt der neuzeitigen Pendelforschung, sind als solche bemerkenswert, obgleich sie für die Ausdeutung der Pendelbahnen wenig zu sagen haben. Man beschränke sich anfänglich darauf, einige erkannte Linien zu deuten, vor allen die Geschlechtslinien, die ersten Versuche zur Charakterdeutung und Krankheitsdiagnose. Die ersten umfassenden Liniendeutungen habe ich in „Radio der Natur“ mitgeteilt. Diese sind allseits bestätigt worden.

Johannes Zacharias: Rätsel der Natur. Johann-Goebbel-Verlag München 1920.
Auf 12 Seiten wird der Pendel erörtert. Zacharias hat die Idee gehabt, der Stoff des Pendels würde Kraft seiner Eigenstrahlung auf die Bildung der Linien einen Einfluss haben. Dadurch ist das Bild verschoben, denn es ist eine Fehlerquelle eingeführt worden. Zacharias hätte sich sagen können, dass der Pendler auch Strahlungen hat und den Pendel beeinflussen kann. Wenn aber diese starke Quelle durch den Willen des Pendlers ausgeschaltet wird, dann besteht im stärkeren Maße diese Ausschaltung beim Pendel. Ich habe alle Versuche von Zacharias nachgemacht, zuerst mit der Einstellung von ihm, dann erhielt ich dieselben Ergebnisse; hernach ohne diese und dann

waren alle Ergebnisse trotz Verschiedenheiten der Pendelstoffe gleich! Trotzdem haben die meisten Kompilatoren[57] die Tafel gedankenlos nachgedruckt und so schleicht sich dieser Irrtum seit 8 Jahren durch die Literatur. Derselbe Fall liegt ja vor, wenn ein Mann oder eine Frau pendelt. Wird das Geschlecht bewusst eingeschaltet in den Gedankenkreis, dann erhält die Frau Linien in umgekehrter Richtung. Andernfalls erhält sie dieselben Bewegungslinien wie der Mann. – Abgesehen davon bieten die Schriften von Zacharias des sonstigen Inhaltes wegen großes Interesse.

Prof. Leopold Oelenheinz: (Architekt, 1871–1937) Der Wünschelring und die Feststellung von Bilderfälschungen. (Siderischer Pendel) Mit vielen Tafeln und Abbildungen.
Der Verfasser hat bei historischen Gemälden den Anteil der Künstler am Bild ermittelt. So konnte er feststellen, welche Teile eines Bildes vom Meister und welche von Schülern oder Fälschern herrühren. Hochinteressant!

Dr. Karl Freiherr von Reichenbach: Die odische Lohe und einige Bewegungserscheinungen als neuentdeckte Formen des odischen Prinzips in der Natur.
Reichenbach ist der Entdecker der psychischen Ausstrahlungen. Er hat diese auch durch das Pendel erforscht und damit Professor Bähr vorgearbeitet. Alle Schriften des Verfassers sind wichtig!
Karl von Reichenbach (1788-1869), Chemiker u. Industrieller, gründete in Hausach (Baden) d. erste Anlage zur Holzverkohlung u. entdeckte dort im Holzteer d. Paraffin u. Kreosot. Später befasste er sich mit Untersuchungen über d. sogenannte Od („besondere Kraft, die namentlich sensitiven Personen eigen und sie u. U. in Stand setze, unter der Erde verborgene Quellen oder Erzgänge zu fühlen, den positiven Magnetpol von dem negativen zu unterscheiden, einen Pendel, ohne ihn anzustoßen, in Bewegung zu setzen u. dergl. m."). Seine diesbezügl. Untersuchungen u. Ansichten stießen bei d. Gelehrtenwelt auf Ablehnung (Karl Vogt u. Moleschott u. a. griffen ihn heftig an).

Georg Haberstumpf: Untersuchungen über die verschiedenen Bewegungsarten des siderischen Pendels und über deren Ursachen. Max-Altmann-Verlag Leipzig 1920.
Er stellte fest, dass die Strahlen von Sonne und Mond auch die Erde durchdringen, geschweige denn Mauerwerk. Also auch nachts sind die Lichtstrahlen bemerkbar. Wenn der Pendler sich mit dem Gesicht der Sonne entgegenstellt, dann erhält er die normalen Bewegungen, also wie der Zeiger der Uhr. Dreht er der Sonne – Gleicherweise dem Mond – den Rücken zu, erhalten die Ausschläge eine umgekehrte Drehung. Diese Beobachtung ist zutreffend, aber wenn der Pendler die Wirkung willenskräftig ausschaltet, wird der Effekt aufgehoben. Anfänger werden sich stets mit dem Gesicht der Sonne zu, nach Süden, stellen. Ferner hat Haberstumpf die „Scheidemäntel" entdeckt, wonach die Strahlungen keine gleichmäßige Aura um das Objekt bilden, sondern in Form eines Kegelmantels. Diese Schrift ist noch aktuell und wichtig.

---

[57] Mit kompilieren ist hier das unberechtigte Nachdrucken (oder „Raubkopie") gemeint (nach dem Duden: *kompilieren*, lat. compilare = ausplündern, berauben, eigtl. = der Haare berauben, ... (rs)

Albert Hofmann: Das Rätsel der Handstrahlen. Oswald Nutze, Leipzig 1919.
Diese Schrift gehört nur halb hierher, da sie sich nicht mit dem Pendel beschäftigt, sondern mit den Strahlungen der Hand. Durch aufgehängte Papierzylinder, die durch die Annäherung der Hand in Drehung geraten, wird die dynamische Kraft der Ausstrahlung nachgewiesen. Also ein Beweis für die Existenz der Strahlungen. Empfohlen.

Heinrich Geffken: Neues über N-Strahlen. Versuch der Erschließung eines neuen Gebietes. Hamburg.
Dr. Geffken glaubte die neue Entdeckung gemacht zu haben, dass durch den Pendel die N-Strahlen von Blondlot-Nancy nachgewiesen werden könnten. Ohne Kenntnis der vorhandenen Pendelliteratur hat er sich zwecklos abgemüht.

Dr. H. Langbein: Die Pendelbahnen und ihre wissenschaftliche Aufklärung durch Radioaktivität.
Derselbe: Charakterbahnen. Feststellung der männlichen und weiblichen Komponenten bei jeder Person. Die Schriften sind ausgezeichnet und wichtig.

Ingenieur F. Wansleben: Einführung in die Lehre vom Pendel. Verlag Gustav Hohns, Crefeld. Ohne Jahr. Passt der Auffassung nach in die Jahre 1922/23.
Versuche mit dem Pendel unter verschiedenen Verhältnissen und Lagen bzw. Beeinflussungen. Der Verfasser hat noch nicht erkannt, dass er Einflüsse ausschalten und einschalten kann. Es ist lohnend, einige Experimente zu wiederholen, wenn dieser Lehrgang durchgenommen ist; letzteres aus dem Grund, um die Irrtümer bereits zu kennen. Unbrauchbar sind die Deutungen von Linien über dem Körper oder zur Charakterbestimmung.

Dr. med. Eduard Aigner: Wesen und Wirken der Wünschelrute. Stuttgart 1920.
Der Verfasser glaubt den Pendel mit Autosuggestion in einigen hingeworfenen Sätzen abtun zu können, die leider alles vermissen lassen, was objektive Wissenschaft verlangt.

Paul Stoß: Die Wünschelrute. Verlag F.E. Baumann Schmiedeberg O.J.
Der letzte Teil behandelt den Pendel und bringt geschichtlich neues Material bei. Wir erfahren von dem Mineralogen de Amoretti in Mailand, der 1741–1816 lebte. Dieser wurde durch den französischen Physiker Thouvenel für das Pendel interessiert. Seine Forschungen legte er in der Schrift „Della rabdomancia“ nieder. Pendelfähige Personen – er nennt 20 % aller untersuchten Personen so –, bezeichnet er als elektromotorisch. Diese unterscheidet er in Personen, die ohne innere Empfindung den Pendel in Bewegung versetzen, und solche mit Empfindung. Alle Nichtelektriker teilt er in Leiter und Isolatoren ein. Es wird bemerkt, dass die Höhe des Wohnortes die Zahl der elektromotorischen Personen vermehrt, die Niederung sie vermindert. Die kleine Schrift ist nützlich.

Dr. med. Adam Voll: Die Wünschelrute und der siderische Pendel. Ein allumfassendes Lehrbuch. Max-Altmann-Verlag Leipzig 1925.
Der Titel verspricht zu viel, es ist nur wenig umfassend, soweit der Pendel in Frage kommt. Er unterscheidet zwischen positivem und negativem Pendel und erklärt, der positive Pendel müsse über negativem Objekt anders schwingen als über einem positiven. Nähere Angaben fehlen. Ich teile diese Ansicht nicht, da der Pendel nicht selbst eingreift, sondern immer negativ dem Objekt gegenüber ist. Der Pendel ist Indikator, weiter nichts. Dr. Voll behauptet, nur Glimmer isoliere die Ausstrahlungen. Das ist unrichtig, wie auch andere Pendler festgestellt haben. Glimmer lässt die Strahlen durch. – Das Buch enthält nur die alten Ergebnisse von allen möglichen Autoren, ist dabei unkritisch trotz allem Bestreben kritisch zu sein. Dr. Voll denkt den Autoren nach, ist demnach unselbständig dem Pendel gegenüber. Somit hat das Buch nur historisches Interesse.

Dr. R. Leuenberg und *Leo von Siegen:* Der siderische Pendel als Anzeiger menschlicher Charaktereigenschaften. Max-Altmann-Verlag Leipzig 1920. Pseudonym für Freiherrn von Levetzow und Dr. Rusch.
Zeigt die Anordnung von Dr. Rusch's Kontrollapparat. Der Apparat beweist, dass die Pendelschwingungen auch ohne Personen durch Elektrizität erzielt werden können und nicht von medialen Zuständen abhängig sind. Hier sind die ersten Versuche, die Pendelfiguren zur Deutung des Charakters zu benutzen. Die Ergebnisse haben sich teilweise als zutreffend erwiesen. Ist daher noch immer beachtenswert.

Ingenieur Wilhelm Gädicke: Das siderische Pendel, die Wünschelrute und andere siderische Detektoren, Indikatoren und Odoskope[58]. Bad Oldesloe 1924.
Wichtig für technische Versuche und Konstruktionen. Gibt einen Überblick über technische Versuche, die in anderen Schriften fehlen. Eigene Forschungen für die Ausdeutung der Pendelschwingungen sind nur in Spuren vorhanden. Empfehlenswert.

Dr. med. phil. Baur: Der Kompass zum Gesundbleiben. Verlag H. Sieger, Köln.
Anleitung zur ärztlichen Verordnung unter Zuhilfenahme des Pendels, mit Aufzählung der verschiedenen Heilmittel. Nützlich für Fortgeschrittene.

Dr. K. E. Weiß: Das siderische Pendel im Reiche des Feinstofflichen. Berlin, Pyramidenverlag Dr. Schwarz & Co.
Sehr wichtiges Werk, das allen Pendlern empfohlen sei. Sehr lehrreich und anregend. Hält die Entstehung der Pendelfiguren als Folge von unbewussten inneren Eindrücken, das Pendel somit als einen Indikator für das unbewusste Innenleben. In Gegenwart des Mitverfassers Medizinalrat Dr. Weiß in Heilbronn habe ich Experimente gemacht, welche diese Theorie ausschließen. Dr. Weiß meinte in der Besprechung, es könne sein, dass wir beide Recht hätten, dass das eine und das andere wirksam seien.

---

[58] In den 20er Jahren des 20. Jahrhunderts gelang es dem Metaphysiker und Heilpraktiker Holzheimer („Die biologische Heilweise", 1927) offenbar, ein sogenanntes Odoskop herzustellen, womit Störungen in der Ausstrahlung als Krankheitsursache festgestellt werden konnten. Quelle: www.buecher-und-schriften.de/ Gralswelt/Archiv/Heft28/pu_gw_3a3.htm. (rs)

Dem habe ich zugestimmt, denn jeder Forscher wird in der Lage sein, bei fehlender Selbstkontrolle das Pendel zu beeinflussen. Darum ist die Ausbildung notwendig, die namentlich darauf zielt, sich selbst auszuschalten. Der Pendler ist ja zur gleichen Zeit Apparat und Beobachter. Lässt er seine Gefühle und Gedanken mitwirken, ist allerdings das Ergebnis verfälscht.

Magische Briefe, Okkulte Praxis. *5. Brief Pendelmagie.* Verlag der Freude, Wolfenbüttel 1926.
Die Notiz „Aus der englischen Originalhandschrift übertragen" ist falsch. Verfasser ist der Magnetopath *Johannes Müller* in Berlin (wie mir mitgeteilt wurde). Der Inhalt spricht auch gegen ein englisches Original, da nur deutsche Literatur, die den Engländern meistens unbekannt ist, zitiert wird, hingegen kein einziges englisches oder fremdsprachliches Werk. Der täuschende Rahmen wäre bei einem Roman angebracht gewesen, aber nicht bei einem wissenschaftlichen Werk über ein Gebiet, das den „östlichen Brüdern" wohl recht unbekannt ist.
Das Buch gibt eine Zusammenfassung der bisherigen Literatur in ziemlich umfassender Weise und ist daher nützlich. Es zeigt weiterhin Möglichkeiten für okkulte Experimente, die aber nur von fertigen Pendlern ausgeführt werden können, wenn brauchbare Ergebnisse erzielt werden sollen. Neue Ergebnisse werden nicht mitgeteilt. Manche Stellen fordern zur Kritik heraus. Der „Meisterton" fällt auf die Nerven. Wenigstens hätten Belehrungen gegeben werden müssen, die wir armen Ungeweihten entbehren, während bloß unsere Forschungen mitgeteilt werden.

Sanitätsrat Dr. med. E. Clasen: Die Pendel-Diagnose.[59] Max-Altmann-Verlag Leipzig 1929. 3,50 M.
Ein Schulmediziner steht zuerst völlig ablehnend dem Pendel gegenüber. Eines Tages bemerkt er zu seinem Erstaunen, dass er selbst pendelfähig ist. Nun beginnt er die Sache zu untersuchen und wird völlig bekehrt, so dass er heute über jene Ärzte spöttelt, die so denken, wie er früher gedacht hat. Dr. Clasen benutzt den Pendel zur ärztlichen Praxis und er gibt seine Erfolge an. Der wichtigste Teil des empfehlenswerten Buches betrifft die Heilkunde und ist daher notwendig für alle Heilkünstler. Ein erfreuliches Buch, da Mut dazu gehört, als Wissenschaftler wider den Stachel zu löcken[60].

Ehrenfried Pfeiffer: Kristalle. Orient-Occident-Verlag, Stuttgart. Mit 94 Lichtbildern.
Kein Pendelbuch, aber sehr wichtig für Naturerkenntnisse, die den Pendelvorgang erklären können. Ein Satz sagt genug: „Es kann aber heute schon gesagt werden, dass jede Substanz in den Zustand *ausstrahlender Wirkung* gebracht werden kann und dass

---

59 Neuauflage „Die Pendel-Diagnose", Ein Verfahren zur Feststellung der inneren Krankheiten des Menschen, von Dr. med. E. Clasen (Bohmeier Verlag).

60 „Wider den Stachel löcken" – Der Ausspruch stammt vom Ochsentreiben. Der Stachel war der Stock des Ochsentreibers und löcken ist ein veraltetes Wort für ausschlagen.
Zitiert nach: http://free.pages.at/hojager/wissen/redewendungen_d.htm. (rs)

es einen Punkt gibt, wo der Chemismus[61] einer Substanz gegenüber der *Wirkung*, die von ihr ausgeht, unbedeutend wird.“ Der Forschungsbericht behandelt Kristallbildungen auf Grund der feinstofflichen Kräfte.

Georges Lakhovsky: Das Geheimnis des Lebens. Kosmische Wellen und vitale Schwingungen. C. H. Beck'sche Verlagsbuchhandlung in München. Das wichtige Buch in deutscher Übersetzung.
Das 3. Kapitel beginnt: „Auf Grund zahlreicher von mir angestellter Experimente und Beobachtungen kann ich folgende vier Grundprinzipien aufstellen:

1. Jeder lebende Organismus sendet Radiationen[62] aus.
2. Die meisten lebenden Organismen – mit wenigen Ausnahmen – sind fähig, auf Wellen anzusprechen und sie zu empfangen.“ usw.

Ob jene Leute, die vom „Schwindel des Pendels“ schreiben und sprechen, eine Kenntnis von den exakten Forschungen dieses Akademikers haben? Schwerlich, sie würden sonst wohl vorsichtiger sein ...

J. F. Carl Abelspies: Das Atomedium. Helwingsche Verlagsbuchh. Hannover.
Beschreibt die Konstruktion eines Strahlenanzeigers, der nicht ein aufgehängter Pendel ist, sondern der seitwärts ausschlägt. Der Verfasser hat ohne Kenntnisse der vorhandenen Literatur als Bergwerksdirektor in Amerika die uns geläufigen Ergebnisse gefunden.

Oskar Korschelt: Die Nutzbarmachung der lebendigen Kraft des Äthers in der Heilkunst, Landwirtschaft und Technik. Verlag F. E. Baumann, Bad Schmiedeberg.
Professor Korschelt hat die „Strahlapparate“ konstruiert, die in Bd. 3 der Pendelbücherei näher beschrieben sind. Die Strahlscheiben werden von mir zur Verstärkung der Pendelschwingungen und damit zur Erleichterung der Pendelarbeit benutzt.

Johannes Walter: Das Rätsel der Wünschelrute. Reclams Universalbibliothek Nr. 7209.
Professor Dr. Dr. h.c. Walter hat als Geologe den Mut, die Realität der Strahlungen und deren Erforschung durch die Wünschelrute anzuerkennen. Er hat mit seinen Studenten Forschungen unternommen. Wichtig zum Verständnis der geologischen Verhältnisse.

Gustav Freiherr von Pohl: Erdstrahlen als Krankheitserreger. Forschungen auf Neuland.
Exakte Forschungen über Erdstrahlungen, gemäß den Belehrungen im 3. Band dieser Pendelbücher.
Zu erwähnen sind hierbei die zahlreichen Zeitungsaufsätze über Erd- und Todesstrahlen, im Anschluss an den berüchtigten Kilometerstein 23,9 sowie über Ab-

---

[61] Das Wort „Chemismus“ *(griech.-lat.)* bezeichnet die Gesamtheit der Abläufe der Stoffumwandlungen bei chemischen Reaktionen, vor allem im Tier- und Pflanzenkörper. Zitiert nach: http://www.infobitte.de/free/lex/allgLex0/c/chemismus.htm. (rs)

[62] Radiation von *lat.* radiatio = das Strahlen, die Ausstrahlung. (rs)

schirmgeräte. In diesen ist Sinn und Unsinn so reichlich gemischt worden, dass man sich nicht genug wundern konnte. Nun ist der Sturm im Wasserglas verschwunden, die auf Neuheiten bedachten Zeitungsliteraten pflegen andere Konjunkturartikel, und das läuft unter der Fahne: Volksaufklärung und Volksbildung. Ob Gutenberg jemals geahnt hat, welches Mittel zur Volksverdummung er geschaffen hat? Das ist die Kehrseite zur guten Wirkung! Rationierung der leiblichen Kost haben wir erfahren.[63] Rationierung der geistigen Kost täte Not, wenn sie vernünftig durchzuführen wäre! Diese Möglichkeit sehe ich nicht wegen der geistigen Beschränktheit der Maßgebenden, die ihre Kost allen anderen aufzwingen wollen, weil sie just die Macht dazu haben. Geistige Unabhängigkeit suche man nicht da, wo sie nie zu finden war.
Forschende Pendler finden das Wahre in unseren Büchern. Für die Wirkung von Abschirmgeräten habe ich keine haltbaren Beweise finden können. Der Skeptizismus anderer Forscher hat dieselbe Richtung.

P. Cyrillus Wehrmeister: Unterirdische Wasseradern und Wehrmeister-Apparate. Missionsverlag St. Ottilien, Oberbayern.
Der Verfasser ist Rutengänger, welcher die uns bekannten Erdstrahlungen fand und einen Abschirmapparat konstruierte. *Mir wird mitgeteilt, dass deren Wirksamkeit abnehme und nach einiger Zeit erlösche.* In dem Heft stehen Ansichten, die entweder unverständig oder unverständlich sind, so die Theorie des Herrn Dauner auf S. 11. Anderes ist richtig gemäß früheren Erkenntnissen.
Pendelunsinn ist das Suchen von Auskünften bei Dingen, die naturgemäß keine Ausstrahlungen haben! Entgleisungen solcher Art rufen spöttische Kritiker auf den Plan, die mit Wonne vom Unsinn auf den wahren Sinn schließen wollen.
Dazu zähle ich die Behauptung, Lose hätten Ausstrahlungen, die *Glückslose* könne der Pendel herausfinden! Diese Behauptung durch einige Erfahrungen zu bekräftigen, genügt nicht als Beweis! Losnummern haben keine natürliche Strahlung! Folglich kann auch kein Apparat auf diese reagieren! *Wenn der Pendel über Losen Ausschläge erhält, pendelt er nicht das Los aus, sondern die Vorstellungswelt des Pendlers!* Diese übersinnliche Welt ist allgemeingültigen Erfahrungen verschlossen.
Kann ein Pendler, der solche grundsätzlichen Fehler macht, als Meister des Pendels bezeichnet werden? Doch wohl nicht!
Da dieses Beispiel genügt, um vielen anderen Pendelunsinn richtig zu erkennen, verzichte ich auf deren Aufzählung, zumal ganze Bücher damit zu füllen sind oder – gefüllt sind!
Das Auspendeln der Lebensjahre ist wenigstens keine Wissenschaft! Das „Jahr" ist eine Zeiteinteilung, die menschlicher Veränderung fähig ist. Man kann ein Mondjahr ebenso gut wie ein Sonnenjahr aufstellen, mit gleicher Berechtigung ein Saturnjahr von rund zwölffacher Dauer des Sonnenjahres. Auch die Periodenlehre liefert „Altersjahre", die sogar biologisch nachgewiesen sind! Die gezählten Kreise des Pendelausschlages deuten auf die vorhandene Körperspannung hin oder diese als „Lebenskraft" gemessen. Ich habe dabei Zahlen erhalten, die jeder Erfahrung widersprechen, der

---

63 Vermutlich bezieht sich der Verfasser auf die Lebensmittelrationierung in Deutschland während des Ersten Weltkrieges 1914–1918. (rs)

Höhe wegen! Exakte Versuche, bei denen der Pendler weder Bilder noch Handschrift sehen konnte, sind mir nicht bekannt geworden. Meine vorgenommenen Prüfungen solcher Pendler bestätigen mein ablehnendes Urteil.

Ludwig Gell: Der Mensch als Antenne für Pendelreaktionen. Max-Altmann-Verlag Leipzig 1932.
Der Verfasser ist Apotheker und hat ein naturwissenschaftliches Forschungsinstitut. Er teilt seine eigenen Erfahrungen mit und dazu seine Beurteilungen. Diese kritischen Bemerkungen sind am wichtigsten, obgleich sie im Einzelnen nicht allgemein gültig sein können. Jeder muss sich mit seiner Eigenheit damit auseinandersetzen. Die Schrift zählt zu den sehr nützlichen dieser Art.

B. Wehdanner: Pendelforschungen. München, Regerplatz 8/2. Mit vielen Pendeldiagrammen.
Mit reichlicher Verwendung bereits vorliegender Schriften ohne deren Angabe. Auf S. 32 erklärt der Verfasser die natürliche Sterilitätszeit der Frau. Die Regeln, auf die er sich stützt, sind längst als unrichtig festgestellt. Von meiner astrologischen Regel, die sich mit etwa 80 Prozent Sicherheit seit 12 Jahren bewährt, hat er wohl keine Kenntnis.
Es ist zu wünschen, dass sich jeder, der sich auf diesem Gebiet schriftstellerisch betätigen will, auf das beschränkt, was als eigene Erfahrung *neue* Erkenntnisse vermittelt. *Meine Veröffentlichungen, die am meisten nachgedruckt werden, stehen unter Nachdruckschutz, den ich künftig in Anspruch nehmen werde.*

Kosmas Huber: Universal-Pendeltafel. 3. Auflage. München, Briennerstr. 27/0.
Mit Vorwort von mir. Der Verfasser hat von mir die Erlaubnis erhalten, grundlegende Pendelfiguren zu verwenden. Dazu hat Huber neue Forschungen angefügt. Eine zweckmäßige Schrift.

Akademieprofessor a. D. Frenzolf Schmid: Die neue Strahlenlehre. 2. Auflage. Das neue Strahlen-Heilverfahren. Die Therapie der Zukunft. Verlag Teerhorst & Co., Halle a. d. Saale 1929.
Zur Klarstellung der akademischen Würde: Der Verfasser war Musiklehrer in Musikakademien, also kein Physiker von Beruf. Er hat das „Dreistrahlenbündel" kosmischen Ursprungs entdeckt, zusammengesetzt aus Ur-Strahlen (Todesstrahlen), Rein-Strahlen (heilende oder Lebensstrahlen) und Ur-Nebenstrahlen (indifferente Strahlen). Mit den Rein-Strahlen sollte eine große Heilanstalt gegründet werden. Nachzuprüfen war das Strahlenbündel nicht, von der Heilanstalt hört man nichts mehr. Ein Urteil ist nicht möglich, also kann die Schrift nur als vorhanden angegeben werden.

Die Pendel-Bücher von A. Frank Glahn

Dass der Verfasser ein Fachmann auf dem Gebiet des Pendelns war, beweist die Tatsache, dass er als einziger die Erlaubnis hatte, als gerichtlicher Sachverständiger, das Pendel mit Erfolg in Strafangelegenheiten vor dem Schwur- und Landgericht anzuwenden. In sechs Bänden wird jeweils ein besonderes Gebiet ausführlich behandelt. Viele bildliche Darstellungen erleichtern das Verständnis: Über Metall, Mineral, Pflanze, Körper, Seele bis zum geistigen Pendeln erhält der Schüler eine überaus gründliche Ausbildung, die ihn befähigt, alle nur denkbaren Pendelversuche exakt auszuüben.

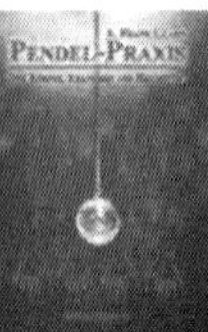

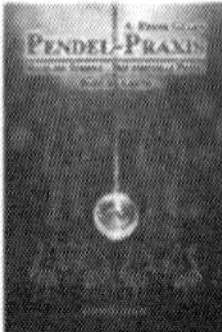

Der Gebrauch des Pendels (Band I)

Eine gründliche Einführung, die von Grund auf lehrt, wie der Pendel zu handhaben ist. Nicht nur Anfänger, auch der Fortgeschrittene kann hier noch viel lernen.

Aus dem Inhalt:

Der Gebrauch des Pendels – Strahlende Materie – Was ist der anzeigende Pendel? – Wer kann pendeln? – Ein grundlegender Versuch – Strahlenkräfte im Menschen – Die Auspendlung einer Person – Form und Beschaffenheit des Pendels – Pendelprüfungen – Seelische Beteiligung – Das übersinnliche Gebiet – Die Ausbildung zum Pendler – Für die ersten Versuche und vieles mehr.

88 Seiten, verschiedene Abbildungen, ISBN 978-3-89094-671-9

Metall, Mineral und Pflanze (Band II)

Jeder lebende und naturgewachsene Stoff sendet Strahlen aus. Wie mit dem Pendel allen diesen Erscheinungen nachgeforscht werden kann und wie sie zum Nutzen im menschlichen Leben verwendet werden, lehrt dieser Band.

Aus dem Inhalt:

Einige Vorsichtsmaßregeln für Pendler – Die Gradpendlungen – Der dynamische Kreis – Verschiedene Pflanzen und deren Teile – Verschiedene Nahrungsmittel – Einfluss der Körperstellung des Experimentierenden – Die Edelsteine – Die Gradtabelle der Edelsteine – Charakterlinien der Edelsteine – Pflanzenleben – Pflanzenwirtschaft – Künstliche Düngemittel – Auswahl der günstigsten Düngersorten – Zum Auspendeln von Pilzen – Pflanzenheilkunde – Pendeln im Gelände u. v. mehr.

72 Seiten, verschiede Abbildungen, ISBN 978-3-89094-672-6

Natürliche Kräfte in Strahlungen (Band III)

Dieses Gebiet ist Neuland für die Pendelforschung. Es geht hier um die Kenntnis der bösartig wirkenden als auch der guten Strahlungen, seien es kosmische Strahlen, Strahlen von Planeten oder Erdstrahlen.

Aus dem Inhalt:

Sternstrahlungen – Pendlungen mit der Sonne, dem Mond und der Sterne – Erdmagnetismus – Messung der radioaktiven Strahlungen – Astrale Einflüsse – Konservierte Strahlen – Lebenskraftstrahlen – Feinkraftflüsse des Weltraums – Mit dem Pendel durch die Wohnung – Wirkung der Farben – Wettereinflüsse – Planeteneinflüsse mit dem Pendel bewiesen und vieles mehr.

72 Seiten, verschiede Abbildungen, ISBN 978-3-89094-673-3

Seele und Geist – Charakter und Anlagen (Band IV)

Hier dringt der Pendelkundige in eines der interessantesten Gebiete ein. Er lernt mit dem Pendel die geistigen und intellektuellen Fähigkeiten sowie die Charaktereigenschaften zu beurteilen.

Aus dem Inhalt:

Ratschläge und Merkmale für Sensitive – Auspendlung von Geistern und Materialisations-Erscheinungen – Auspendlung von Medien – Zur Erforschung des Charakters – Abneigung und Zuneigung – Wirkungen aus früherem Dasein – Die Auspendlung des Körpers – Der Pendel als Beweisinstrument in der Strafrechtspflege – Der Pendel bei der Berufsberatung – Charakterpendlungen – Die Gedankenformen und ihre Auspendlung – Erkennung medialer Personen – Auspendeln des Wertes von Büchern – Ermittlung des Alters – Der Pendel in der Wohnung und vieles mehr.

128 Seiten, verschiede Abbildungen und 16 Bildbeilagen, ISBN 978-3-89094-674-0

Der Körper, Krankheit und Heilmittel (Band V)

Für die praktische Auswertung des Pendels ist dieser Band von größter Wichtigkeit. Es wird dem Heilkundigen gezeigt, wie der Pendel als wichtiges Hilfsmittel bei der Diagnose und bei der Auswahl der richtigen Heilmittel gebraucht wird.

Aus dem Inhalt:

Vor dem Menschen Pflanzen und Tier – Der Mensch und seine Beschaffenheit – Anatomie des Menschen – Die Auspendelung des Körpers – Auspendeln von Krankheiten – Auspendeln eines Astralkörpers – Das Abfragen von Krankheiten nach verschiedenen Methoden – Od-Auspendelungen – Pendel und Medizin – Verschiedene Wirkung einer Arznei auf den Stoffkörper und Astralkörper – Wahl der Heilmittel – Abfragen von Heilmitteln – Das Auspendeln von Speisen – Die Kontrolle der Heilmittel – Tierheilkunde und vieles mehr.

128 Seiten mit vielen Abbildungen,
ISBN 978-3-89094-675-7

Magie der Symbole – Der spirituelle Pendel – Radio des Geistes (Band VI)

Auch in diesem Band wird ein Gebiet durchforscht, das bisher in der Literatur noch keinen Niederschlag gefunden hat. Es werden Kräfte untersucht, die märchenhaft erscheinen. Es ist für alle jene geschrieben, die unsichtbare geistige Kräfte höher bewerten als die vergänglichen materiellen.

Aus dem Inhalt:

Magische Kräfte – Magie der Symbole – Die Tierkreiszeichen – Planetensymbole – Verschiedene Symbole aus der Clavicula Salomonis (Zauberbuch) – Verbindung der Symbole untereinander – Magische Buchstaben – Die mystischen Alphabete – Magische Gesten – Belebte Gedankenformen – Amulette, Buchstabenkräfte – Besonders wichtige Symbolverbindungen – Symbole aus Pendelfiguren – Was nicht ausgependelt werden kann – Der spirituelle Pendel – Pendel-Orakel und vieles mehr.

88 Seiten mit über 100 Abbildungen,
ISBN 978-3-89094-676-4

Weitere Bücher von A. Frank Glahn

Seit vielen Jahren schon zählt das „Deutsche Tarotbuch" von A. Frank Glahn zu den gesuchtesten und seltensten Büchern. Es war während der NS-Zeit verboten und wurde eingestampft.
Das Tarotbuch von Frank Glahn ist kein Kartenlege- und Kartendeutungsbuch im üblichen Sinne, sondern ein Buch der Lebensweisheit und Erkenntnis. Nicht dem *Anschauer*, sondern dem wissenden *Durchschauer* der Zukunft ist es geschrieben. Es sagt nicht: Pass auf, das trifft ein! Sondern: handle so oder so und gestalte selbst die künftigen Ereignisse.
Der Autor schreibt in seinem Buch: „Wer das Spiel Thot oder Tarot gelernt hat, der gehört zu den weisesten im Volke. Das Reich Gottes ist darin dargestellt und alles, was vorher war und kommen wird."
Das Tarot stellt ein vollkommenes Gleichnis der Welt dar. Alle menschlichen und irdischen Dinge, alle natürlichen und übernatürlichen, sind gleichsam offenbar und wartet auf den Gebrauch durch den Meister. Alle dargestellten Bilder sind mystische Symbole, die in Verbindung mit Zahlen und Buchstaben das ganze Weltbild darstellen und alle eine tiefe Bedeutung haben. Durch Versenkung und Meditation über diese Symbole beginnen die Bilder zu „sprechen" und der Fragende erhält Auskunft über das, was ihn bewegt. So wird der Tarotkundige zum weisen Magier; er gewinnt Einsicht in die Geschehnisse, er entwirrt die Fäden des Zufalls und kann sich und anderen Aufklärer und Wegweiser sein.

Das deutsche Tarotbuch *von A. Frank Glahn*, ISBN 978-3-89094-452-4

* * * * *

Weitere Informationen zu Neuerscheinungen unter:

www.magick-pur.de

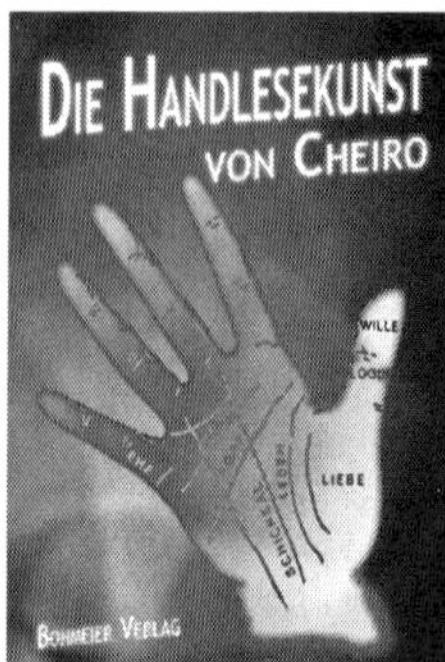
Die Handlesekunst
von Cheiro
Bohmeier Verlag

High werden ohne Drogen
Ein Bewusstseinserweiterndes Handbuch
von Frederick E. Dodson

Krafttiere
Die unsichtbaren Begleiter
Bohmeier Verlag

Das Geheimnis der Dualseelen,
Seelengefährten und Seelengeschwister
von Sandra Ruzischka
Bohmeier Verlag

Des Teufels Apokryphen
Zu jeder Geschichte gibt es zwei Seiten
von John A. De Vito
Bohmeier Verlag

Sternentore
Die rätselhafte sechste Dimension

Die Entsäuerung des Körpers
in 10 Schritten
Der ultimative Jungbrunnen und Schlankmacher!
Das Säure-Basen-Gleichgewicht
Anleitung zur Ausschwemmung krankmachender Säure
Bohmeier Verlag
von Patrizia Pfister

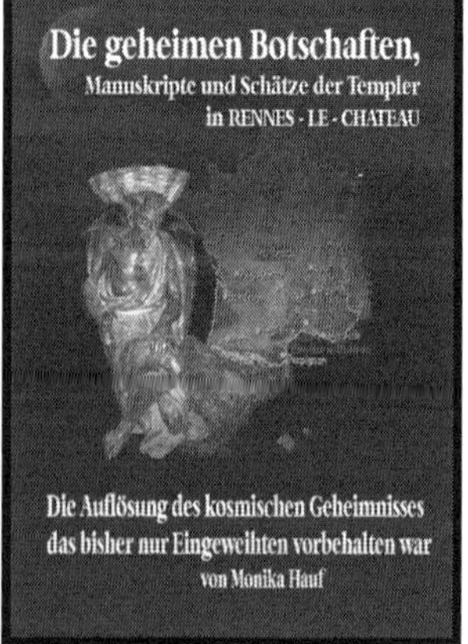
Die geheimen Botschaften,
Manuskripte und Schätze der Templer
in RENNES - LE - CHATEAU
Die Auflösung des kosmischen Geheimnisses
das bisher nur Eingeweihten vorbehalten war
von Monika Hauf

Das Buch der
Werwölfe
von Sabine Baring-Gould
Bohmeier Verlag

Küchenmagie
von Sor. Conata
Bohmeier Verlag